Doppel-Klick 9

Differenzierende Ausgabe

Das Arbeitsheft Basis

Erarbeitet von
Grit Adam, Kathleen Breitkopf, Ulrich Deters,
Silvia Engel, Rainer Schremb, Britta Wurst

Unter Beratung von
Andrea Hüttig
und August-Bernhard Jacobs

Cornelsen

Inhaltsverzeichnis

Arbeitstechnik

Sachtexten Informationen entnehmen
Texte überfliegen und auswählen 4
Material 1: Der tropische Regenwald – ein Kreislauf des Lebens 4
Material 2: Regenwälder in Gefahr 5
Material 3: Die Banane 5
Material 4: Gründe und Ausmaß der Rodung tropischer Regenwälder 6
Material 5: Aufbau des Regenwaldes 6
Sachtexte mit Fragen erschließen 8
Informationen gliedern 10
Die Gliederung schreiben 12
Eine Gliederung überarbeiten 13

Stichworte notieren 14
Der Trick mit dem Super Plus 15

Einen Arbeitsauftrag verstehen 16

Training Lernerfolgskontrolle – Prüfungen

Sachtexte erschließen und zusammenfassen
Einen Zeitungsartikel lesen und verstehen 18
Material 1: Katamaran aus Plastikflaschen erreicht Sydney 18
Material 2: Wie lange dauert es, bis der Müll im Meer abgebaut ist? 19
Das Textverständnis überprüfen 21
Weiterführendes: Die Wirkung des Zeitungsartikels untersuchen 23
Die Zusammenfassung schreiben 24
Einen Text überarbeiten 25

Schriftlich argumentieren
Argumente sammeln 26
Als Chantal plötzlich doppelt existierte – Bernd Schmid 26
Die Argumentation gliedern 29
Die Argumentation schreiben 30
Eine Argumentation überarbeiten 31

Eine Kurzgeschichte interpretieren
Die Kurzgeschichte untersuchen 32
Der Hund im Thyssen-Kanal – Theodor Weißenborn 32
Die Inhaltsangabe schreiben 35
Eine Inhaltsangabe überarbeiten 37
Die Merkmale der Kurzgeschichte und die Erzählperspektive untersuchen 38
Die Atmosphäre untersuchen 40
Die Interpretation schreiben 41
Weiterführendes: Zur Kurzgeschichte schreiben 41

Ein Gedicht interpretieren
Das Ideal – Kurt Tucholsky 42
Das Gedicht untersuchen 43
Die Gedichtinterpretation schreiben 45

Planen, schreiben, überarbeiten

Lesen und schreiben für den Beruf
Einen offiziellen Brief schreiben 46
Eine Berufsbeschreibung verstehen 48
Einen Tagesbericht schreiben 50
Formulare verstehen 52

Rechtschreiben, Zeichensetzung

Fehler finden
Bewerbungsschreiben 54

Fremdwörter
Fremdwörter mit **y**, **c**, **ch**, **ph**, **rh** und **th** 56

Zusammen- und Getrenntschreibung
Wortgruppen mit **Adjektiv** + **Verb** 58
Andere Wortgruppen 58
Wortgruppen mit **Nomen** + **Verb** und **Verb** + **Verb** 59

Großschreibung
Zusammengesetzte Nomen 60
Nominalisierte Verben 61

Das kann ich! (zu den Seiten 54–61) 62

Doppel-Klick 9 Differenzierende Ausgabe

Das Arbeitsheft Basis

Lösungen

Seite 7

2 **Frage 1:** Wie ist der Regenwald aufgebaut?
Text: Der tropische Regenwald – ein Kreislauf des Lebens
Grafik: Nährstoffkreislauf im tropischen Regenwald

Frage 2: Wodurch ist der Regenwald gefährdet?
Text: Regenwälder in Gefahr
Grafik: Gründe und Ausmaß der Rodung tropischer Regenwälder

3 Die Banane

4 **A** Was sind die Gründe für die Rodung tropischer Regenwälder?
B Was sind die Folgen der Rodung tropischer Regenwälder?

5 **A** am Rand, rechts und links von der Abbildung des tropischen Regenwaldes
B in dem Kreis in der Mitte der Abbildung des tropischen Regenwaldes

6 Die Bildelemente des Materials 4 zeigen einen tropischen Regenwald, bevor und nachdem er gerodet wurde.

7 **Vorgang 1:** Zeigt, wie Regenwasser entweder von der Oberfläche abfließt oder in den Boden gelangt.
Vorgang 2: Zeigt, wie die Nährstoffe von den Bäumen in den Boden und über die Wurzeln wieder in die Bäume gelangen.
an beiden Vorgängen beteiligt: die Sonneneinstrahlung, herunterfallende Blätter und Äste, Insekten

Seite 8

2 **A** Welche Pflanzen überragen das Dachgeschoss des Regenwaldes? – Überständer
B Welche Pflanzen und Tiere leben im Dachgeschoss des Regenwaldes? – fliegende und kletternde Tiere
C Welche Pflanzen leben im Mittelgeschoss des Regenwaldes? – junge Bäume und Sträucher
D Welche Pflanzen und Tiere leben im Erdgeschoss des Regenwaldes? – Pilze, Farne, Moose, Wurzeln der Bäume, Treiberameisen

3 *In dieser Reihenfolge solltest du die Begriffe links oder rechts vom oberen Bild in Material 5 eingetragen haben:*
Überständer, Dachgeschoss, Mittelgeschoss, Erdgeschoss

4 bis **6**
Diese Fragen solltest du so mit Material 1 in Stichworten beantwortet haben:
Wie groß ist der Anteil der Tier- und Pflanzenarten, die im Obergeschoss leben? – etwa zwei Drittel
Gibt es im Regenwald bestimmte Jahreszeiten (Blütezeit, Obsternte)? – immer grün, Pflanzen gedeihen das ganze Jahr
Welche Wirkung hat die Verdunstung im Regenwald auf das Klima? – setzt Energiemengen frei, werden bis nach Nordeuropa transportiert
Wie hoch sind die höchsten Bäume im Regenwald? – bis zu 80 Meter
Leben viele Insekten im Regenwald? – rund 90 % der Tiere im Regenwald Insekten, Millionenheere von Treiberameisen und Termiten am Boden
Wie viele Baumarten gibt es im Regenwald? – etwa 10 000
Gibt es nährstoffreichen Humus im Regenwald? – kaum, Blätter und abgestorbene Äste schnell von Termiten und Würmern zersetzt

Seite 9

8 **A** Wie groß und wie alt ist das sich selbst regulierende *Ökosystem* Regenwald?
– Millionen von Jahren, 7 500 000 km²
B Was liefert uns der Regenwald in scheinbar *unerschöpflicher* Menge?
– Bodenschätze, edle Hölzer, Früchte
C Wie groß ist *die Vernichtung des Regenwaldes* pro Sekunde?
– so groß wie ein halbes Fußballfeld
D Wie groß ist *die Vernichtung des Regenwaldes* pro Jahr?
– so groß wie die Fläche Griechenlands

9 bis **11**
Diese Fragen solltest du so mit Material 2 in Stichworten beantwortet haben:
Welche Tiere weiden auf Rodungsweiden im Regenwald? – Hunderttausende Rinder, Rinderbestand in letzten Jahren verdoppelt
Was passiert mit dem Boden in den abgeholzten Regionen bei Regen? – ungeschützt, Regen fließt sofort ab, Erosion, meistens kein neues Waldwachstum
Wie groß ist der Anteil an Medikamenten, die aus tropischen Pflanzen bestehen? – 40 % der Medikamente unserer Apotheken aus tropischen Pflanzen
Was passiert mit den Ureinwohnern des Regenwaldes? – Umsiedlung, Vertreibung oder sogar Ausrottung, soziale Konflikte
Was sind die Folgen des Abbaus von Eisenerz? – Abtragen ganzer Berge, Bildung von Stauseen, Überflutung weiter Teile des Waldes
Was wird auf den Plantagen angebaut? – Soja als Viehfutter
Welche tropischen Hölzer werden besonders abgebaut? – Mahagoni, Teak, Ebenholz

Seite 10

1 **Teil 1** – Aufbau des Regenwaldes
Teil 2 – Gefährdung des Regenwaldes

2 **A** – Die Nutzung des Regenwaldes durch Wanderfeldbau
B – Ernte und Transport tropischer Bananen
C – Der Amazonas in Südamerika – das größte Flusssystem der heutigen Erde

3 **Teil 1**
Der Stockwerkbau des Regenwaldes, Das Dachgeschoss, Das Mittelgeschoss, Das Erdgeschoss, Tiere und Pflanzen, Licht und Regen

Teil 2
Gefährdung des Regenwaldes, Gründe und Folgen, Plünderung der Schatzkammer durch den Menschen, Rohstoffgewinnung und Plantagen im Regenwald, tropische Früchte für Pharma und Kosmetik

Seite 11

4 **Der Stockwerkbau des Regenwaldes**
- Regenwald aufgebaut wie Stockwerke
- Dachgeschoss, Mittelgeschoss, Erdgeschoss
- Regen und Sonne
- junge Bäume und Sträucher im Mittel- und Erdgeschoss, fliegende und kletternde Tiere im Dachgeschoss

5 **Das Dachgeschoss**
viel Licht, zwei Drittel des Regenwassers verbraucht/verdunstet, zwei Drittel der Tier- und Pflanzenarten, Vorteile: Klettern und Fliegen

Das Mittelgeschoss
junge Bäume und Sträucher, dämmriges Licht

Das Erdgeschoss
Bodennähe, kaum nährstoffreicher Humus, Pilze, Farne, Moose, Wurzeln der Bäume, Treiberameisen, düsteres Licht

6 **Gefährdung des Regenwaldes – Gründe und Folgen**
- Regenwald wie Schatzkammer für den Menschen, bietet Bodenschätze, edle Hölzer und Früchte
- durch die Plünderung dieser Schatzkammer durch die Menschen
- Rodung, Holz und Rohstoffe, Weiden für Rinderherden, Plantagen, aus Tieren und Pflanzen: Medikamente, Kosmetika
- in den meisten abgeholzten Regionen wird nie wieder Wald wachsen

7 **Gründe**
Hölzer, Rohstoffe, Bodenschätze, Früchte

Gefahren
Rodung des Regenwaldes durch den Menschen

Folgen
Erosion des fruchtbaren Bodens (Humus), Wald wächst nicht nach, stärkere Bodenerwärmung, weltweite Klimaänderung

Seite 12

1 **Fragen**
Wie ist der Regenwald aufgebaut?
Wodurch wird der Regenwald gefährdet?

Stichworte zum Aufbau
Teil 1: Aufbau des Regenwaldes, Stockwerke, Dachgeschoss, Mittelgeschoss, Erdgeschoss, Welche Tiere und Pflanzen? Wie viel Licht? Wie viel Regen?
Teil 2: Gefährdung des Regenwaldes, Gründe und Folgen

Verwendete Materialien
Material 1, Text: Der tropische Regenwald – ein Kreislauf des Lebens.
Material 2, Text: Regenwälder in Gefahr

2 *Diese Überschrift könntest du geschrieben haben:*
Aufbau und Gefährdung des Regenwaldes

3 *Diese Stichworte für einen Schluss könntest du notiert haben:*
- schlecht: Zerstörung des Regenwaldes trotz guten Aufbaus
- vor Millionen von Jahren riesiges Paradies (15 Mio. km²)
- in halbem Jahrhundert durch Menschen um Hälfte geschrumpft (jedes Jahr um mehr als 100 000 km²)

4 *Die vollständige Gliederung findest du in der Lösung aus Aufgabe 2 von Seite 13.*

Seite 13

2 *Das hier kursiv Gedruckte solltest du überarbeitet haben:*
Aufbau und Gefährdung des Regenwaldes
- Einleitung

Teil 1
Aufbau des Regenwaldes in Stockwerken

Worum geht es in Teil 1 des Referats?
- Regenwald, Stockwerke: Dachgeschoss, Mittelgeschoss, Erdgeschoss
- Welche Tiere und Pflanzen? Wie viel Licht? Wie viel Regen?

Das Dachgeschoss
- Kronen der Bäume (40–50 Meter), geschlossene Decke
- einzelne Überständer (Urwaldriesen bis 80 Meter)
- zwei Drittel aller Tiere und Pflanzen

Das Mittelgeschoss
- junge Bäume, Sträucher
- dämmriges Licht

Das Erdgeschoss
- Bodennähe, kaum nährstoffreicher Humus, düster (nur 2 % des Sonnenlichts)
- Pilze, Farne, Moose, Wurzeln der Bäume
- Millionenheere von Treiberameisen

Teil 2
Gefährdung des Regenwaldes – Gründe und Folgen

Worum geht es in Teil 2 des Referats?
- *Gefährdung des Regenwaldes, Gründe und Folgen*

Gründe für die Zerstörung des Regenwaldes
- Regenwald gerodet, Holz und Rohstoffe gewinnen
- Weiden für Rinderherden, Plantagen
- aus Tieren und Pflanzen: Medikamente, Kosmetika

Folgen der Zerstörung des Regenwaldes
- fruchtbarer Boden (Humus) schwimmt weg (Regen/Erosion)
- Wald wächst nicht nach (400–900 Jahre braucht ein Baum)
- Bodenerwärmung stärker, Klimaänderung weltweit

Schluss
- *schlecht: Zerstörung des Regenwaldes trotz guten Aufbaus*
- *vor Millionen von Jahren riesiges Paradies (15 Mio. km²)*
- *in halbem Jahrhundert durch Menschen um Hälfte geschrumpft (jedes Jahr um mehr als 100 000 km²)*

Seite 14

2 wg. – wegen
% – Prozent
o. Ä. – oder Ähnliches
- – ohne
/ – oder
z. T. – zum Teil/teilweise
= – das bedeutet/das ist
→ – daraus folgt/das hat zur Folge
z. B. – zum Beispiel
≈ – ungefähr

3 *So könnten deine neuen Stichworte aussehen:*
- Biosprit = E 10
- E 10: 10 % Bio-Ethanol, z. B. aus Weizen, Rüben und Mais
- Super: 5 % Bio-Ethanol
- Einführung E 10: Februar 2011, nach wochenlanger Verzögerung
- Autofahrer teilweise verunsichert, ob ihr Auto E 10 verträgt/es beschädigt wird
- Möglichkeit der Beschädigung durch E 10 bei 10 % der Autos
- Internet: Liste von Autos, nicht mit E 10 zu betanken

Seite 15

4 Der Trick bleibt unverständlich, weil offenbar wichtige Informationen fehlen, zum Beispiel, wer den Trick ausübt und wer davon betroffen ist.

6 *So könnten deine Stichworte aussehen:*
- Umweltminister Norbert Röttgen (CDU): Schutzsorte E 5 (max. 5 % Ethanol) muss jede Tankstelle anbieten
- E 5 + E 10 nicht zum gleichen Preis angeboten
- kein herkömmliches Super E 5 mit 95 Oktan → nur höherwertiges E 5 mit 98 Oktan (Super Plus) als Schutzsorte angeboten
- Autofahrer müssen 98-Oktan-Benzin tanken und 5 bis 8 Cent pro l mehr bezahlen

Seite 16

1 **a.** *Diese Aufforderungsverben solltest du markiert haben:* analysiere, schreibe, berücksichtige, fasse, stelle dar, erkläre, formuliere, begründe, entkräfte

b. **A** Ich soll einen Text *analysieren*. Außerdem soll ich zu einer Behauptung *eine Argumentation schreiben*.
B Ich soll dabei mehrere Arbeitsschritte *berücksichtigen*.
C Ich soll unterschiedliche Meinungen aus dem Text *darstellen* und den Text *zusammenfassen*.
D Ich soll *erklären*, was mit der Behauptung gemeint ist.
E Um Stellung zu nehmen, soll ich meine Meinung *formulieren* und mit Argumenten *begründen*.
F Ich darf Argumente aus dem Text *verwenden* und muss mindestens ein Gegenargument *entkräften*.

2 Um den Text zu analysieren, kann ich *den Textknacker* (*in der vorderen Klappe*) nutzen. Bei der Stellungnahme hilft mir *die Arbeitstechnik „eine Argumentation schreiben“* (*hintere Umschlagklappe*).

Seite 17

3 **a.** *Diese Aufforderungsverben solltest du markiert haben:* analysiere, widerlege, berücksichtige, fasse zusammen, stelle dar, erkläre, führe an, entkräfte, veranschauliche

b. *Diese Aussage solltest du angekreuzt haben:*
☒ begründet darstellen, dass eine Behauptung nicht stimmt

c. **A** Ich soll den Text *analysieren* und eine Behauptung *widerlegen*.
B Ich soll unterschiedliche Meinungen zum Thema *darstellen*.
C Ich soll drei Pro-Argumente aus dem Text *anführen*.
D Durch Gegenargumente soll ich die Behauptung *entkräften*.
E Die Gegenargumente soll ich durch Beispiele *veranschaulichen*.

4 *So solltest du angekreuzt haben:*
A Arbeitsauftrag 1 + 2
B Arbeitsauftrag 1
C Arbeitsauftrag 2
D Arbeitsauftrag 1 + 2
E Arbeitsauftrag 1 + 2
F Arbeitsauftrag 1 + 2
G Arbeitsauftrag 1
H Arbeitsauftrag 1 + 2
I Arbeitsauftrag 2

Seite 18

1 *Auf diese Stichworte könntest du gekommen sein:*
Verschmutzung an den Stränden
Ölfässer am Meeresboden
Abfälle von Schiffen
schwimmende Plastikabfälle

2 *Das könntest du vermutet haben:*
- ein Bericht über eine Reise auf einem Boot aus Plastikflaschen
- Umweltverschmutzung durch Plastikabfälle im Meer

3 *Diese Begriffe könntest du aufgeschrieben haben:*
Plastikflaschen, Plastikmüll und seine Wiederverwertung, Plastikmüllhalde, Müllberg, Recyclingprodukte, Plastik-Skateboard, „Plastiki“

Seite 20

4 **b.** *So solltest du deinen Arbeitsauftrag beschrieben haben:* Ich soll den Zeitungsartikel „Katamaran aus Plastikflaschen erreicht Sydney“ zusammenfassen.

c. *So solltest du deine Vorgehensweise aufgeschrieben haben:* Zuerst bearbeite ich die Aufgabenstellungen zum Textverständnis. Dabei achte ich auf die Fotos und das Schaubild. Danach markiere ich die Schlüsselwörter und finde Überschriften für die Absätze. Anschließend schreibe ich eine Zusammenfassung des Zeitungsartikels und verwende dabei das Präsens und die indirekte Rede.

5 und **6**
Diese Zwischenüberschriften und Schlüsselwörter könntest du aufgeschrieben haben:

1. Absatz
Der Katamaran „Plastiki“
- aus 12 500 Plastikflaschen
- Pazifiküberquerung
- David de Rothschild steuert das Schiff
- die Folgen des Plastikmülls und dessen Wiederverwertung

2. Absatz
Der Vorschlag
- Vorschlag von David de Rothschild
- Plastikprodukte verbieten

3. Absatz
Die Plastikmüllhalde im Pazifik
- von Wissenschaftlern entdeckt
- Plastikteile, nach 450 Jahren erst abgebaut
- Müllberg doppelt so groß wie Texas

4. Absatz
Die Botschaft der „Plastiki“
- in Sausolito gestartet
- die Verschmutzung der Meere stoppen
- Abfall wiederverwerten
- Erinnerung an die „Kon-Tiki“

5. Absatz
Der umweltfreundliche Katamaran
- Regenwasser, Klebstoff aus Zucker und Cashewnüssen
- Materialien werden recycelt

6. Absatz
Rothschilds Hoffnung
- Vielzahl von Recyclingprodukten, z. B. ein Plastik-Skatebord

7 *Diese Fragen könntest du aufgeschrieben haben:*
Warum ist de Rothschild aufgebrochen?
Wie viele Leute gehörten zur Crew?

zu Seite 20

8 **a.** und **b.**
Diese Wörter könntest du unterstrichen und erklärt haben:
der Bankiersspross (Z. 2) – der Sohn einer Bankerfamilie
die Bankendynastie (Z. 19) – eine einflussreiche Familie, die Banken besitzt
das Styrol (Z. 22) – eine Flüssigkeit, die zur Herstellung von Kunststoffen genutzt wird
die Sprenkel (Z. 29) – kleine Teile
die Crew (Z. 41) – die Mannschaft

Seite 21

1 *Diese Aussagen solltest du angekreuzt haben:*
Ein Bankierssohn macht mit einer Schiffsreise auf die Verschmutzung der Meere durch Plastikmüll aufmerksam.
Die Schiffscrew will mit der Reise darauf hinweisen, dass Abfälle wiederverwertet werden können.
Auf dem Katamaran wurden viele Recyclingideen verwirklicht.

2 *Mit diesen Informationen solltest du die Zusammenfassung ergänzt haben:*
Fünf Umweltschützer mit dem Kapitän *David de Rothschild* überqueren in einem Katamaran aus 12 500 *Plastikflaschen* den *Pazifik*. Sie starten in *Sausolito* und kommen nach *128* Tagen in *Sydney* an.

3 *Diese Wörter solltest du angekreuzt haben:*
A Der „Great Pacific Garbage Patch" ist eine schwimmende Plastikmüllhalde im Pazifik.
B Der Müllberg im Pazifik ist doppelt so groß wie der amerikanische Bundesstaat Texas.
C Plastikteilchen werden frühestens nach 450 Jahren zersetzt.

4 *So könntest du die Begriffe erklärt haben:*
A Eine schwimmende Plastikmüllhalde besteht aus vielen Tausenden von winzigen Plastikteilen im Meer.
B Recyclingprodukte sind Gegenstände, die aus nicht mehr gebrauchten oder kaputten Dingen und Materialien hergestellt und damit wiederverwertet werden.

Seite 22

5 *So könntest du die Fragen beantwortet haben:*
A Die Umweltschützer wollen mit ihrer Reise auf die schlimmen Folgen des Plastikmülls aufmerksam machen.
B Plastik wird seit 1909 produziert.
C David de Rothschild ist der Meinung, dass alle Plastikprodukte am besten sofort verboten werden sollten.
D Der Bootsname soll an das Holzboot „Kon-Tiki" erinnern, mit dem der norwegische Entdecker Thor Heyerdahl 1947 den Pazifik überquerte.
E Auf dem Boot ist eine kompostierbare Toilette zu finden. Die Masten bestehen aus Bewässerungsrohren und der verwendete Klebstoff ist eine Mixtur aus Zucker und Cashewnüssen.
F David de Rothschild erwähnt ein Skateboard aus recyceltem Plastik. Er schlägt außerdem vor, Zelte und Häuser zu bauen.

6 *So könntest du die Frage beantwortet haben:*
Das Schaubild zeigt die Abbauzeiten von Meeresabfällen.

7 *Auf diese Lösungen solltest du gekommen sein:*
A Fischernetze stellen das größte Problem unter den Müllsorten dar.
B Pappkartons sind leichter abbaubar als Sixpack-Ringe.
C Es dauert bis zu 450 Jahre, bevor der Plastikabfall im Meer abgebaut ist.
D Plastiktüten werden innerhalb von einem bis 20 Jahren abgebaut.

Seite 23

1 *Diese Antwort könntest du aufgeschrieben haben:*
Der Zeitungsartikel richtet sich an die Leserinnen und Leser der Zeitung. Er will auf die Aktion der Umweltschützer hinweisen und zum Nachdenken über den Gebrauch von Plastik anregen.

2 **b.** bis **d.**
Diese Wörter könntest du markiert und so übertragen haben:
der Bankiersspross (Z. 2) – der Bankierssohn
verheerence Folgen des Plastikmülls (Z. 13) – große Folgen
die Bankendynastie (Z. 19) – die Familie mit den Banken
eine schwimmende Plastikmüllhalde (Z. 25–26) – der schwimmende Plastikmüll
der Müllberg (Z. 34) – der Müll
ungewöhnliche Flaschenpost (Z. 42–43) – ein besonderes Boot
die Wegwerfgesellschaft (Z. 43) – die Gesellschaft, die viel Abfall produziert

3 *Auf diese Antwort könntest du gekommen sein:*
Durch die Verwendung der wertenden Begriffe und sprachlicher Bilder wird der Standpunkt des Autors zum Thema deutlich.

W **4** *So könntest du die Beschreibung ergänzt haben:*
Der Katamaran mit dem Namen „Plastiki" besteht aus 12 500 Plastikflaschen. Die Masten wurden aus Bewässerungsrohren aus Aluminium gebaut. Alle Bestandteile werden mit einem Kleber aus Zucker und Cashewnüssen zusammengehalten. Es gibt eine kompostierbare Toilette und das Regenwasser wird genutzt.

W **5** *Wärst du auf diese Ideen gekommen?*
Möbel, Spielzeug, Gartenzäune, Autoersatzteile können aus recyceltem Plastik hergestellt werden.

Seite 24

1 *So könntest du die Einleitung ergänzt haben:*
In dem Zeitungsartikel „Katamaran aus Plastikflaschen erreicht Sydney" vom 26. Juli 2010 in der Hannoverschen Allgemeinen Zeitung geht es um die Pazifiküberquerung von sechs Umweltschützern unter der Leitung von David de Rothschild auf einem Katamaran aus Plastikflaschen.

2 **b.** *So könntest du die direkten Aussagen umgeschrieben haben:*
Rothschild schlägt vor, dass das Problem ganz einfach gelöst werden könne, wenn Plastikbecher, Plastiktüten, Styrol-Kaffeebecher und -Deckel verboten werden würden. (Z. 20–23)
Er berichtet, dass die Crew mehr als 1000 Seemeilen von der Küste entfernt unter dem Boot die kleinen Plastikteile im Wasser gesehen habe. (Z. 27–30)
Rothschild weist darauf hin, dass es keine Grenzen für das Recycling gibt, sie sogar schon ein Plastik-Skateboard gebaut hätten. Er schlägt vor, auch Häuser und Zelte aus Plastik in der Dritten Welt zu bauen, wo besonders viel Plastikmüll anfallen würde. (Z. 58–63)

3 *So könntest du die Zusammenfassung geschrieben haben:*
Im Zeitungsartikel „Katamaran aus Plastikflaschen erreicht Sydney" vom 26. Juli 2010 in der Hannoverschen Allgemeinen Zeitung geht es um die Pazifiküberquerung von sechs Umweltschützern unter der Leitung von David de Rothschild auf einem Katamaran aus Plastikflaschen.
Die Umweltschützer wollen mit ihrer Aktion auf die Wiederverwertung von Abfall und die Verschmutzung der Meere aufmerksam machen. Sie sind dafür in Sausolito gestartet und haben den „Great Pacific Garbage Patch" durchquert. David de Rothschild berichtet, dass sie unter dem Boot

getaucht seien und dabei die vielen Plastikteile gesehen hätten. Diese Plastikmüllhalde sei doppelt so groß wie der Bundesstaat Texas. Der Name des Bootes „Plastiki" soll an das Boot des norwegischen Entdeckers Thor Heyerdahl erinnern, der mit seinem Boot „Kon-Tiki" den Pazifik überquert hat. Nach 128 Tagen haben die Umweltschützer Sydney, Australien, erreicht. Auf dem Katamaran sind viele Recyclingideen umgesetzt worden, um auf die Möglichkeiten von Recycling hinzuweisen. David de Rothschild regt an, mehr Produkte aus Plastik zu recyceln.

Seite 25

1 *So könntest du die Einleitung überarbeitet haben:*
Der Zeitungsartikel „Katamaran aus Plastikflaschen erreicht Sydney" erschien am 26. Juli 2010 in der Hannoverschen Allgemeinen Zeitung. In dem Artikel geht es um die Pazifiküberquerung mit einem Katamaran aus Plastikflaschen.

2 *Die inhaltlichen Fehler solltest du so korrigiert haben:*
Der Artikel handelt von der Pazifiküberquerung mit einem Katamaran aus Plastikflaschen.
Die Aussage stammt von David de Rothschild.
Die Umweltschützer fahren über den Pazifik.
Der Müllberg ist doppelt so groß wie der Bundesstaat Texas.

3 *Das solltest du herausgefunden haben:*
In der Zusammenfassung sollte Präsens bzw. Perfekt verwendet werden.

4 *Diese sprachlichen Fehler solltest du korrigiert haben:*
ein cooles Schiff – ein Schiff
sie wollten ja darauf aufmerksam machen – sie haben darauf hingewiesen
das ist voll viel – (diese Formulierung kann weggelassen werden)

5 *So könntest du die Frage beantwortet und die Formulierung umgeschrieben haben:*
a. In der Zusammenfassung wird keine indirekte Rede verwendet.
b. David de Rothschild sagt, dass jedes Stück Plastik, das jemals produziert wurde, immer noch im Ozean existieren würde.

6 *Diese Informationen fehlen in der Zusammenfassung:*
- die genaue Botschaft der Reise
- Abfahrts- und Ankunftsort
- Bedeutung des Plastikkatamarans
- Name des Katamarans

7 *So könnte deine Überarbeitung aussehen:*
Der Zeitungsartikel „Katamaran aus Plastikflaschen erreicht Sydney" erschien am 26. Juli 2010 in der Hannoverschen Allgemeinen Zeitung. In dem Artikel geht es um die Pazifiküberquerung mit einem Katamaran aus Plastikflaschen. Eine Gruppe von Umweltschützern unter der Leitung von David de Rothschild überquert auf einem Katamaran aus 12 500 Plastikflaschen den Pazifik. Nach dem Start in Sausolito durchqueren sie schwimmende Plastikabfälle, den „Great Pacific Garbage Patch". Mit der Reise wollen die Umweltschützer auf die Folgen des Plastikmülls aufmerksam machen. David de Rothschild meint, dass jedes Stück Plastik, das seit seiner Erfindung produziert wurde, immer noch im Ozean existieren würde. Deshalb sollten Plastikartikel wie Becher und Tüten sofort verboten werden. Die Reise endet nach 128 Tagen in Sydney, Australien, wo der Katamaran recycelt wird. David de Rothschild hofft, dass noch mehr Produkte aus Plastik recycelt werden können.

Seite 27

2 *So könntest du den Zeitungsartikel zusammengefasst haben:*
In dem Zeitungsartikel vom 28. Januar 2009 wird über eine Tagung berichtet, die sich mit dem Thema „Datensicherheit in sozialen Online-Netzwerken" auseinandersetzt.

3 *Diese Begriffe könntest du so erklärt haben:*
eine virtuelle Identität (Z. 11)
– eine künstliche, nicht reale Selbstdarstellung
die Netzgemeinde (Z. 15)
– alle Nutzer eines bestimmen Online-Netzwerkes
das gefälschte Profil (Z. 23)
– die veränderten Daten von einer Person in einem Netzwerk
das „Daten-Outing" (Z. 38)
– die sorglose Freigabe von eigenen Daten

4 *So solltest du die Fragen beantwortet haben:*
A Es geht um die Nutzung von sozialen Online-Netzwerken.
B Ich schreibe einen Leserbrief.
C Die Stellungnahme ist an die Leserinnen und Leser einer Computer-Zeitschrift gerichtet.

5 *Deine Vorgehensweise solltest du in Stichworten so formuliert haben:*
- in einer Tabelle Pro- und Kontra-Argumente aus dem Zeitungsartikel und den Äußerungen aufschreiben
- Argumente durch Beispiele verdeutlichen
- sich eine eigene Meinung bilden und eine These aufstellen
- die Argumente nach der Wichtigkeit ordnen
- die Argumentation nach dem Sanduhrprinzip gliedern,
- einen Leserbrief mit drei Pro- und drei Kontra-Argumenten schreiben

Seite 28

6 **b.** *Das solltest du anhand der markierten Argumente erkannt haben:*
Es handelt sich hauptsächlich um Argumente gegen die Nutzung von sozialen Online-Netzwerken.

7 **b.** und **8**
So könntest du die Tabelle ausgefüllt bzw. ergänzt haben:

Pro-Argumente	Kontra-Argumente
- weltweite Kontakte - Freundschaften schließen - man gehört dazu - man kann kreativ sein - alte Freunde wiederfinden und Kontakt halten - man ist nicht allein und kann zu jeder Tages- und Nachtzeit kommunizieren - für jeden erschwinglich - jederzeit erreichbar - schneller Informationsaustausch	- virtueller Identitätsdiebstahl - Bedrohung im Internet - unübersichtliches Netz - Datensicherheit/ Datenmissbrauch - langweilig nach einer Zeit - virtuelle, keine reale Welt - Persönlichkeiten und Profile werden erfunden - Zeitverschwendung

Seite 29

1 *Vielleicht hast du deine These so oder ähnlich formuliert:*
Soziale Online-Netzwerke müssen mit Vorsicht genutzt werden, da es zwar viele Vorteile, aber auch Nachteile gibt.

3 *So könntest du deine Argumente aufgebaut haben:*

stärkstes Gegenargument
Soziale Online-Netzwerke
bieten viele Möglichkeiten, um Menschen kennenzulernen und Freundschaften zu schließen.

mittelstarkes Gegenargument
Jederzeit und von vielen Orten aus kann kommuniziert werden.

schwächstes Gegenargument
Man ist Teil einer Gemeinde und gehört dazu.

schwächstes Argument
Das Netz ist groß und unübersichtlich, niemand weiß, wer auf deine Daten zugreifen kann.

mittelstarkes Argument
Es gibt eine Vielzahl von virtuellen Identitäten, die sich nicht überprüfen lassen.

stärkstes Argument
Daten werden missbraucht, neue Identitäten werden erstellt, das hat Folgen bis ins private und berufliche Leben.

4 *Diese Beispiele könntest du zu deinen ausgewählten Argumenten gefunden haben:*
Pro-Argumente
- In einem sozialen Online-Netzwerk kann man schneller Freundschaften schließen, da man ständig neue Freunde und Freundinnen kennenlernen kann. Ich habe durch das Online-Netzwerk eine nette Freundin gefunden, mit der ich jetzt viel erlebe. Auch alte Freunde lassen sich wiederfinden, zu denen man sonst gar keinen Kontakt hätte. Über Facebook wurde ich zu einem Klassentreffen eingeladen, von dem ich sonst nichts gewusst hätte.
- Hinzu kommt, dass es einfach viel preiswerter als Telefonieren ist. Wie oft hatte ich mit meinen Eltern Ärger, weil die Telefonrechnung so hoch war. Dabei wollte ich doch nur mit meinen Freundinnen reden.

Kontra-Argumente
- Das Internet kann auch eine Bedrohung sein. Ich weiß nicht, wer auf meine Daten zugreift und wie diese weitergegeben werden. In den Medien wird ständig darauf hingewiesen, seine Daten genau zu prüfen, bevor sie online gestellt werden.
- Die Freundschaften im Internet sind nicht real. Mein Cousin kommuniziert weltweit und hat über 450 Online-Freundschaften. Als ihn seine Freundin verlassen hatte und er Unterstützung brauchte, konnten ihm diese Freunde nicht besonders helfen, sie waren zu weit weg.

Seite 30

1 *So könntest du deine Einleitung formuliert haben:*
Der Umgang mit sozialen Online-Netzwerken ist aus unserem Leben nicht mehr wegzudenken, aber er bringt auch Gefahren mit sich. Ich denke, die Nutzung von Online-Netzwerken muss gut überlegt werden und keinesfalls sollte das virtuelle Leben die Realität ersetzen.

2 *Diese Argumente solltest du so verknüpft haben:*
Einerseits fördern soziale Online-Netzwerke die Kommunikation der Menschen, andererseits muss man auch ständig ansprechbar sein.
Die Kommunikation ist preiswert, da keine Telefon- oder Handykosten anfallen, doch der Kontakt über das Internet kostet viel Zeit.
Soziale Online-Netzwerke werden immer beliebter, obwohl sie Sicherheitslücken aufweisen und schon viele Daten missbraucht wurden.
Online-Freunde sind keine echten Freunde, denn jeder kann sich im Internet darstellen, wie er will, und wer überprüft schon die Profile.
Besonders für kontaktarme Menschen ist die Nutzung von sozialen Online-Netzwerken hilfreich, da es leichter ist, eine Freundschaftsanfrage online zu verschicken, als einen Menschen direkt anzusprechen.

3 *So könntest du deinen Hauptteil geschrieben haben:*
Ich werde auf die Vor- und Nachteile der Nutzung von sozialen Online-Netzwerken im Folgenden eingehen. Zunächst lässt sich feststellen, dass immer mehr Menschen die sozialen Online-Netzwerke nutzen, weil sie viele Möglichkeiten bieten. Durch die Nutzung kann man leicht andere Menschen kennenlernen. Ich habe durch Facebook viele Kontakte und täglich kommen neue hinzu. Ein weiterer Vorteil ist, dass man jederzeit und überall kommunizieren kann. Schnell ist ein Internetcafé gefunden, in dem ich neueste Informationen austauschen oder von mir berichten kann. Noch besser ist ein Smartphone, mit dem ich immer präsent bin. Außerdem bin ich Teil einer Gemeinde und gehöre dazu. Ich fühle mich nicht mehr allein. Obwohl ich die Vorteile aufgezählt habe, sehe ich auch die vielen Nachteile durch die Nutzung von sozialen Online-Netzwerken. Die Nutzung birgt viele Gefahren. Das Internet ist groß und sehr unübersichtlich, niemand weiß genau, wer wann auf wen zugreift. Es gibt eine Vielzahl von Identitäten, die sich nicht überprüfen lassen. Es wird immer wieder davor gewarnt, dass sich Täter in Online-Netzwerke einschummeln, um Kontakt zu Kindern und Jugendlichen zu erhalten. Es lässt sich nie so einfach lügen wie im Internet. Daten werden missbraucht, und selbst wenn Profile gelöscht wurden, ist es nicht sicher, ob sie auch restlos entfernt wurden.

4 *So könntest du den Schluss geschrieben haben:*
Die dargestellten Argumente sprechen für und gegen die Nutzung von sozialen Online-Netzwerken. Ich bin der Meinung, dass wir auf die Nutzung nicht verzichten können, allerdings sollten wir vorsichtig damit umgehen und immer daran denken: „Das Internet vergisst nie!"

5 *So könntest du den Leserbrief begonnen haben:*
Sehr geehrte Damen und Herren,
in der Computer-Zeitschrift fand ich Ihren Aufruf zur Auseinandersetzung zum Umgang mit sozialen Online-Netzwerken.

Seite 31

1 *Diese Antworten solltest du angekreuzt haben:*
Die Einleitung benennt das Problem, um das es geht.
Robert nennt Argumente für die Teilnahme an Online-Netzwerken.
Er belegt die Argumente mit anschaulichen Beispielen.
Sein Schlusssatz fasst das Problem noch einmal zusammen.

2 **a.** *Diese Pro-Argumente solltest du markiert haben:*
Ich habe jetzt jede Menge Freunde, kann erzählen, was ich gerade so mache und wie ich drauf bin, und ich kann in der Schule mitreden.
Es ist viel einfacher und schneller.

b. *So könntest du Roberts Argumentation beurteilt haben:*
Robert hat nur ein Argument überzeugend und anschaulich dargelegt, in dem er von seinen Erfahrungen berichtet.

3 **a.** *Diese Kontra-Argumente solltest du markiert haben:*
Man sollte seine Daten schützen.
Es kostet viel Zeit.
Man bewegt sich in einer virtuellen Welt.

b. *So könntest du Roberts Argumentation beurteilt haben:*
Robert gibt nur wieder, was er gehört hat, geht aber nicht darauf ein.

4 *So könntest du Roberts Argumentation nach dem Sanduhrprinzip aufgebaut haben:*

Gegenthese
Die Nutzung von Online-Netzwerken hat Nachteile.

stärkstes Gegenargument
Die Daten können nicht geschützt werden.

mittelstarkes Gegenargument
Alles geschieht virtuell und hat nichts mit dem wirklichen Leben zu tun.

schwächstes Gegenargument
Es kostet viel Zeit.

These
Online-Netzwerke sind aus dem heutigen Leben nicht mehr wegzudenken.

schwächstes Argument
Freundschaften lassen sich schnell schließen.

mittelstarkes Argument
Informationen können schnell ausgetauscht werden.

stärkstes Argument
Man hat viele Freunde weltweit, mit denen man sein Leben teilen kann.

5 *Diese Sätze könntest du überarbeitet haben:*
Ich habe viele Freunde, denen ich erzählen kann, was ich mache und wie es mir geht. Auch in der Schule gehöre ich dazu.
Es gibt Nachteile bei der Nutzung von sozialen Online-Netzwerken.
Ich denke, dass Online-Netzwerke sehr viele Kommunikationswege anbieten, sie gehören in die moderne Zeit.

6 *So könntest du Roberts Leserbrief überarbeitet haben:*
Hallo, liebe Redaktion,
Sie haben in Ihrer Zeitschrift dazu aufgerufen, die eigene Meinung zum Umgang mit den sozialen Online-Netzwerken darzustellen. Ich denke, dass die Nutzung von sozialen Online-Netzwerken aus der heutigen Zeit nicht mehr wegzudenken ist.
Es gibt Menschen, die immer wieder auf die Nachteile der Online-Neztwerke hinweisen. Sie sagen, dass die Daten nicht geschützt werden könnten, und führen Beispiele für den Datenmissbrauch an.
Ein weiteres Argument, das oft genannt wird, ist die Verlagerung des wirklichen Lebens in die virtuelle Welt. Sicher gibt es Menschen, die sich vor dem Rechner in ihre Welt zurückziehen. Außerdem würde die reale Kommunikation viel Zeit kosten.
Sicherlich ist an allen Argumenten etwas dran, dennoch denke ich, dass die sozialen Online-Netzwerke zum heutigen Leben dazugehören.
Es lassen sich schneller Freundschaften schließen. Ich kann viel schneller mit jemandem Kontakt aufnehmen, dessen Daten ich interessant finde. Auf diese Weise habe ich schon viele Freunde kennengelernt.
Informationen lassen sich schnell austauschen. Meine Freunde wissen immer über mein Leben Bescheid, ob ich ins Konzert oder zum Fußball gehe. Ich informiere sie darüber und stelle nachher auch Fotos ein. So können sie an meinem Leben teilhaben. Ich habe mir mein eigenes Netzwerk aufgebaut. Es ist viel günstiger, als wenn ich einen Freund anrufen würde, denn auf diese Weise kann ich alle gleichzeitig erreichen.
Ich denke, soziale Online-Netzwerke sind aus dem heutigen Leben nicht mehr wegzudenken. Wenn man sich der möglichen Gefahren bewusst ist und auf die Sicherheit seiner Daten achtet, kann nichts passieren.

Seite 34

3
1. die Kurzgeschichte mehrmals gewissenhaft lesen
2. die Handlungsbausteine erarbeiten
3. eine Inhaltsangabe schreiben
4. angeben, wer das Geschehen erzählt
5. die Merkmale der Kurzgeschichte belegen
6. passende Textstellen suchen und als Zitate nutzen
7. die Darstellung der Stadt in der Kurzgeschichte untersuchen
8. die Beziehung zwischen den Stadtbewohnern und dem Hund untersuchen
9. die selbst geschriebenen Texte überarbeiten

Seite 35

1 Wessen Situation wird ausführlicher beschrieben? – Hund
Wer möchte Hilfe von den Schulkindern? – Hund
Wer trifft den Hund mit Steinen? – Kinder
Wer muss deshalb fliehen? – Hund
Wer kann seinen Wunsch am Ende nicht verwirklichen? – Hund

2 Der Hund ist die Hauptfigur, weil seine Situation in der Kurzgeschichte ausführlich beschrieben wird.

3

Handlungs-bausteine	Stichworte	Text-stellen
Hauptfigur + Situation	- hält sich schon zwei Wochen am Stinnesplatz auf - ist mit dem Besitzer in die unbekannte Stadt gekommen - der Besitzer hatte einen Unfall - der Hund ist allein, hungrig, verwahrlost	Z. 16–17 Z. 19–21 Z. 27–39 Z. 40–44
Wunsch	- von den Schulkindern, die ihn schon manchmal gefüttert haben, etwas Futter und Liebe zu bekommen	Z. 50–54
Hindernis	- die Kinder erkennen ihn nicht und bewerfen ihn mit Steinen	Z. 57–69
Reaktion	- er flieht - sucht Schutz bei dem Mann auf der Brücke	Z. 68–71 Z. 72–75
Ende	- der Mann stößt ihn von sich und schubst ihn von der Brücke - der Hund kann sich nicht aus dem Thyssen-Kanal retten	Z. 75–77 Z. 78–84

zu Seite 35

4 **b.** *So könntest du geantwortet haben:*
Das Geschehen spielt sich in einer Industriestadt ab.

5 *Diese Antwort solltest du angekreuzt haben:*

☒ Sein Besitzer hatte einen Unfall und ist seitdem verschwunden.

Seite 36

6 In der Kurzgeschichte „Der Hund im Thyssen-Kanal“ von Theodor Weißenborn geht es um das Schicksal eines plötzlich herrenlos gewordenen Hundes, der von den Menschen verstoßen wird, weil er verwahrlost aussieht.

7 Die Kurzgeschichte beginnt mit der Beschreibung einer trostlosen Stadt bei regnerischem Wetter. Danach wird der Hund beschrieben, der allein in einer Unterführung kauert.

8 **b.** sie kommen – sie sind gekommen
sie besuchen – sie haben besucht
sie überqueren – sie haben überquert
ein Auto fährt ihn an – ein Auto hat ihn angefahren
er wird verletzt und weggebracht – er ist verletzt und weggebracht worden

c. Der Hund und sein Besitzer sind in die Stadt gekommen, weil sie die Industrieschau besucht haben. Als sie die Straße überquert haben, hat ein Auto den Besitzer des Hundes angefahren. Der Besitzer ist verletzt worden und ist daraufhin von Leuten weggebracht worden.

9 Das Kind des Kahnwächters spielt auf dem Bohlensteg, erblickt das Tier und sagt zu seinem Vater, da *schwimme* ein Hund. Er *würde* aus der Stadt getrieben sein, erwidert der Kahnwächter gleichmütig. Er *sei* ein armer Hund, fügt das Kind hinzu.

10 *So könntest du deine Inhaltsangabe geschrieben haben:*
In der Kurzgeschichte „Der Hund im Thyssen-Kanal“ von Theodor Weißenborn geht es um das Schicksal eines einsamen Hundes, der von den Menschen verstoßen wird, weil er nicht mehr so niedlich aussieht. Sein Besitzer geht eines Tages mit ihm in die Stadt. Doch nachdem dieser von einem Auto angefahren worden ist, ist der Hund plötzlich allein in der fremden Stadt. Er weiß nicht, was er tun soll, und hofft auf die Hilfe von einigen Schulkindern, die ihn schon öfter gefüttert und gestreichelt haben. Da er aber inzwischen schmutzig und verwahrlost aussieht, erkennen sie ihn nicht und bewerfen ihn mit Steinen. Auf der Flucht sucht der Hund Schutz bei einem Mann, der ihn aber von der Brücke ins Wasser stößt. Der Hund kann sich nicht mehr aus dem Thyssen-Kanal retten. Seine Leiche treibt in einen Fluss weiter und wird außerhalb der Stadt ans Ufer geschwemmt, wo er von einem Kahnwächter und seinem Kind entdeckt wird. Dieses Kind ist die einzige Person in der Geschichte, die Mitleid mit dem Hund hat.

Seite 37

2 ~~Geschichte~~ – Kurzgeschichte

3 ~~kam~~ – ist gekommen
~~war~~ – ist
~~kannte~~ – kennt
~~kümmerte~~ – kümmert
~~lief~~ – läuft
~~bekam~~ – bekommen hat
~~gestreichelt wurde~~ – gestreichelt worden ist

4 ~~Das ist wirklich daneben von ihnen. Der Hund hat doch nur Hunger. Ich verstehe nicht, wie man so etwas machen kann.~~

5 - was mit dem Herrchen passiert ist
- warum der Hund jetzt allein am Stinnesplatz sitzt
- warum ihn die Kinder mit Steinen bewerfen
- er kann sich nicht mehr aus dem Kanal retten, treibt tot zurück aufs Land

6 In der **Kurzgeschichte** „Der Hund im Thyssen-Kanal“ von **Theodor** Weißenborn steht ein herrenloser Hund im Mittelpunkt. Er ist mit seinem Herrchen zwei Wochen zuvor in die Stadt gekommen. **Nachdem sein Herrchen von einem Auto angefahren worden ist,** sitzt der Hund ganz allein am Stinnesplatz. Er kennt sich nicht aus und niemand kümmert sich um ihn. **Durch den Regen sieht der Hund inzwischen verwahrlost aus.** Auf der Suche nach Futter läuft er zu einer Schule, weil er dort manchmal Brot bekommen hat und gestreichelt worden ist. Aber diesmal bewerfen ihn die Kinder mit Steinen und jagen ihn. **Weil er so verwahrlost aussieht, erkennen sie ihn nicht.** Er will sich bei einem Mann auf der Brücke in Sicherheit bringen, aber der stößt den Hund mit einem Fußtritt ins Wasser. **Nach mehreren Versuchen kann sich der Hund nicht mehr aus dem Thyssen-Kanal retten, ertrinkt und treibt tot im Kanal und weiter in einen Fluss, bis er außerhalb der Stadt an Land geschwemmt wird.** Am Ende hat nur ein kleines Kind am Ufer Mitleid mit dem toten Hund.

Seite 38

1 Die Kurzgeschichte beginnt mit einer Beschreibung des Ortes, an dem die Geschichte spielt. Der erste Satz ist sehr kurz, er besteht nur aus zwei Wörtern.

2 Es wird der Alltag in einer Stadt beschrieben, in der viele Menschen und Autos auf den Straßen unterwegs sind.

3 **a.** und **b.**
Rückblende: schon seit zwei Wochen (Z. 16)
Beginn des Geschehens: seit den frühen Morgenstunden (Z. 18), gegen Mittag (Z. 45)
Ende des Geschehens: zu derselben Zeit, als der Mann auf der Brücke des Thyssen-Kanals den fünften Zigarettenstummel ins Wasser warf und sich zum Gehen wandte (Z. 103–105)

c. Die eigentliche Handlung findet in der Zeitspanne von einem Tag statt. In einer Rückblende erfährt man aber auch etwas über die letzten zwei Wochen.

Seite 39

4 **a.** der Hund, einige Kinder, ein Mann im Arbeitsanzug, ein Kahnwächter und sein Kind; nur der Hund wird näher beschrieben

b. Das Merkmal einer geringen Anzahl von Figuren trifft zu, weil nur die Hauptfigur genauer beschrieben wird.

5 „Aber der Mann grinste und stieß das Tier, eben als es an ihm hochspringen wollte, mit einem schweren Fußtritt unter dem Geländer der Brücke hinweg." (Z. 75–77)

6
- Der Mann im Arbeitsanzug stößt den Hund von der Brücke in den Kanal.
- Das Kind am Kai macht seinen Vater auf den Hund aufmerksam.
- Das Ende bleibt nicht offen, denn man erfährt, dass der Hund bereits tot ist.

7 **a.** „Gegen Mittag ließ der Regen nach und er trottete hinaus ins Freie. Er lief durch Eppendorf, über die Wedauer Straße und kam in das Industrieviertel der Stadt. Er wurde verwirrt durch die hohen Mauern, die schrillen Geräusche des ihn umtosenden Verkehrs, das Dröhnen der Maschinen, das in der Luft lag, aber er lief beharrlich weiter." (Z. 45–49)

b. Über den Unfall wird aus der Sicht des Erzählers erzählt. Es ist ein auktorialer Erzähler, dabei wird aber auch die Perspektive des Hundes berücksichtigt.

c. Das Geschehen wird in der *Er*-Form erzählt. Meist wird es neutral (nur sachlich beschreibend) wiedergegeben, aber es gibt auch Abschnitte aus der Sicht des *Hundes*.

Seite 40

1 **b.** Stadt ist grau, Wolken lagern wie Blei über den Häusern, Wolken verhüllen den Himmel, Staub und Ruß hängen wie eine Nebeldecke in den Straßen, Wind fegt durch die Straßen und wirbelt Wasser und Dreck auf, Regen verursacht schmutziges Nass

c. „Trostlosigkeit" (Z. 11)

d. starker Verkehr, viele Menschen, Lärm, Ruß, Benzingeruch, Eppendorf, Industrieviertel, hohe Mauern, laute Maschinen, Kanal

2 *Diese Sätze könntest du geschrieben haben:*
Die Stadt wirkt auf mich beängstigend und ungemütlich. Ich möchte dort nicht leben, auch wenn das Wetter sicher nicht immer so schlecht ist wie an dem beschriebenen Tag. Die Menschen wirken hektisch und die Industrie, die Autos, der Lärm und der Dreck lassen die Stadt sehr negativ erscheinen.

3 Der Hund sucht Hilfe bei den Schulkindern. Er ist fast verhungert und denkt, dass sie ihm vielleicht etwas zu fressen geben, so wie sie es schon oft getan haben. Die Kinder erkennen den Hund aber nicht, weil er mit seinem durchnässten Fell ungepflegt und verwahrlost aussieht. Er hat keinen Besitzer mehr und ist zu einem herumstreunenden Hund geworden. Deswegen verstoßen die Kinder ihn.

4 **a.**

Figuren	Verhalten (Textstellen)
Passanten	„jemand ... hatte den Hund ... mit einem Tritt verjagt" (Z. 38–39)
Kinder	- „Sie streichelten ihn manchmal und fütterten ihn mit Brot." (Z. 52) - „aber sie zischten, als sie ihn sahen, trampelten mit den Füßen auf den Boden, klatschten in die Hände, scheuchten ihn vor sich her." (Z. 57–59) - „standen sie unbeweglich und beobachteten ihn aus neugierigen, erwartungsvoll lauernden Augen." (Z. 65–66) - „Und dann bückten sie sich jäh und rafften Steine zusammen" (Z. 66–67), „Steine prasselten um ihn herum, einige trafen ihn." (Z. 70–71)
Mann auf der Brücke	„grinste und stieß das Tier, eben als es an ihm hochspringen wollte, mit einem schweren Fußtritt unter dem Geländer der Brücke hinweg." (Z. 75–77)
Kahnwächter	„gleichmütig" (Z. 99)
Kind am Kai	„‚Armer Hund!', fügte das Kind hinzu." (Z. 100)

b. Nur das Kind am Kai zeigt Interesse und Mitgefühl.

c. Die Stadtbewohner verstoßen den Hund. Sie behandeln ihn nicht wie ein Lebewesen, sondern wie ein Stück Abfall.

5 *So könntest du das Verhalten beurteilt haben:*
Das Verhalten der Stadtbewohner gegenüber dem Hund empfinde ich als bösartig und ungerecht. Nur weil er keinen Besitzer mehr hat, wird er nicht wie ein Haustier, sondern wie ein Stück Abfall behandelt. Sie kommen nicht auf die Idee, dass der Hund großes Pech gehabt hat. Sie haben kein Mitgefühl.

6 *Diese Ideen könntest du aufgeschrieben haben:*
In der Kurzgeschichte steckt die Lehre, dass man andere nicht nach dem Äußeren beurteilen soll. So wie dem Hund kann es auch Menschen gehen, die ihre Arbeit verlieren. Und wenn sie verwahrlosen, werden sie oft schlecht behandelt. Es kann aber sein, dass sie einfach Pech hatten, so wie der Hund in der Geschichte, der seinen Besitzer durch einen Unfall verloren hat.

Seite 41

1 In der Kurzgeschichte „Der Hund im Thyssen-Kanal" von Theodor Weißenborn geht es um das Schicksal eines herrenlos gewordenen Hundes, der von den Menschen verstoßen wird, weil er inzwischen ungepflegt und verwahrlost aussieht.

2 Sein Besitzer ist zwei Wochen vorher mit ihm in die Stadt gegangen und von einem Auto angefahren worden. Seitdem ist der Hund allein in der fremden Stadt. An dem Regentag sucht er in einer Unterführung Schutz. Als der Regen aufhört, hofft er auf die Hilfe von einigen Schulkindern, die ihn schon öfter gefüttert und gestreichelt haben. Da er aber so schmutzig und verwahrlost aussieht, erkennen sie ihn nicht und bewerfen ihn mit Steinen. Der Hund sucht Schutz bei einem Mann, der ihn jedoch von der Brücke ins Wasser stößt. Der Hund kann sich nicht mehr aus dem Thyssen-Kanal retten. Der tote Hund wird erst außerhalb der Stadt ans Ufer getrieben, wo er von dem Kind eines Kahnwächters entdeckt wird. Dieses Kind ist die einzige Person in der Geschichte, die Mitleid mit dem Hund hat.

zu Seite 41

3 Es sind einige Merkmale von Kurzgeschichten zu erkennen. Die Handlung beginnt nicht unvermittelt. Zuerst werden die Stadt und das Wetter beschrieben (Z. 1–12) und danach der Hund, der am Stinnesplatz sitzt (Z. 13–18). Bevor die eigentliche Handlung mit dem Ende des Regens in Zeile 45 beginnt, wird noch in einer Rückblende erzählt, wie der Hund in diese Situation gekommen ist. Es sind nur wenige Figuren und Handlungsorte an der Geschichte beteiligt. Die Figuren beschränken sich auf den Hund, seinen Besitzer, die Schulkinder, den Mann auf der Brücke und den Kahnwächter mit seinem Kind. Nur der Hund wird genauer beschrieben. Die eigentliche Handlung findet im Zeitraum von nur einem Tag statt. In einer Rückblende wird allerdings geschildert, wie der Hund zwei Wochen zuvor in diese Situation gekommen ist (Z. 19–44). In der Kurzgeschichte wird ein Ausschnitt aus dem alltäglichen Leben der Stadt gezeigt, in der viele Menschen und Autos auf den Straßen unterwegs sind (Z. 8–10). Dieses Geschehen wird zum entscheidenden Moment im Leben der Hauptfigur (Z. 75–77). Die Geschichte endet mit dem Tod des Hundes.

Das Geschehen wird von einem allwissenden (auktorialen) Erzähler in der Er-Form erzählt. Meist wird es neutral (nur sachlich beschreibend) wiedergegeben („Trotz dem Regen brodelte der Verkehr in den Straßen kaum weniger lebhaft als gewöhnlich." Z. 8–9), dabei zeigt der allwissende (auktoriale) Erzähler an einigen Stellen auch die Sicht des Hundes („Da schien eine geheime Verschwörung unter den kleinen Menschen zu entstehen." Z. 64–65).

Durch die Beschreibung der Stadt als „versunken in strähnendem Grau" (Z. 1) mit einem „Schleier aus Staub und Ruß, der wie eine Nebeldecke über den Dächern" (Z. 3–4) hängt, wird eine unheimliche und ungemütliche Atmosphäre erzeugt. Die Stadt wirkt trostlos und auch gefährlich, voll von „Menschen und stählernen Tieren" (Z. 24) und „Lärm" (Z. 25). Die Sicht des Hundes wird nachvollziehbar, deshalb hat der Leser Mitleid mit ihm.

5 Zusammenfassend kommt man zu dem Schluss, dass in dieser Kurzgeschichte die Menschen in der Stadt kein Mitleid mit dem herrenlosen Hund haben. In der Kurzgeschichte steckt die Lehre, dass man andere nicht nach ihrem Äußeren beurteilen soll. So wie dem Hund kann es auch hilflosen Menschen gehen. Wenn sie verwahrlosen, werden sie oft schlecht behandelt. Und dabei ist es möglich, dass sie einfach nur Pech hatten, so wie der Hund, der seinen Besitzer durch einen Unfall verloren hat.

Seite 42

2 Das Gedicht beschreibt teilweise übertriebene Wünsche für ein ideales Leben. Die angesprochene Person wird am Ende des Gedichts darüber belehrt, dass uns Menschen immer irgendetwas fehlt oder stört und ein perfektes Leben selten ist.

3 Ich soll das Gedicht „Das Ideal" interpretieren. Dabei soll ich den Inhalt, die Merkmale und die verwendeten Stilmittel beschreiben. Außerdem soll ich die Wirkung von Form und Sprache auf die Aussage beschreiben.

Seite 43

2 die Friedrichstraße – X Straße in Berlin;
der Pokal – X ein Trinkgefäß;
der Aal – X ein Fisch;
irdisch – X erdig;
Moneten – X Geld;
der Fächer – X ein Gerät zum Fächeln von Luft

3 **b.**

Dinge und Tiere	Personen
Villa mit Terrasse, Aussicht auf die Ostsee, die Friedrichstraße und die Zugspitze, viele Zimmer, Dachgarten, Bibliothek, Pferde, Autos, Motorrad, Geld, Schmuck	Dienerschaft, süße und rassige Frau, Reservefrau fürs Wochenende, famose Kinder

Tätigkeiten	ideelle Werte
reiten, Auto und Motorrad fahren, jagen, essen und Wein trinken, reisen	Bescheidenheit, Einsamkeit, Fröhlichkeit, ewige Gesundheit

4 **b.** Für das vollkommene Glück fehlt einem oft entweder das Geld oder der richtige Partner oder es stört irgendeine Kleinigkeit.

5 Das Gedicht steht hauptsächlich in der Du-Form. In Zeile 20 taucht einmal die Ich-Form und am Ende auch zweimal die Wir-Form (Z. 36, 40) auf. Der lyrische Sprecher spricht alle an und schließt sich durch die Ich-Form und die Wir-Form selbst mit ein.

6 Der erste Teil des Gedichts beschreibt in den Zeilen 1 bis 28 die Wünsche für ein ideales Leben. Im zweiten Teil von Zeile 29 bis 42 wird festgestellt, dass fast jedes Glück Mängel hat und selten perfekt ist.

Seite 44

7 ☒ Paarreim

8 Die Strophen sind unterschiedlich lang.
Es gibt sechs größere Strophen mit vier bis acht Versen.
Außerdem gibt es an mehreren Stellen einzelne Verse.

9 Die Verse sind unterschiedlich lang. Die Verse 1, 28, 37, 38, 41 und 42 sind deutlich kürzer als die anderen Verse. Vers 28 besteht aus den gleichen Worten wie Vers 1 – nur das Satzzeichen ist anders.

10 **b.** *Hier kannst du unterschiedlich angekreuzt haben. Nur „dramatisch" wäre falsch.*

11 **b.** *Diese Übertreibungen könntest du gefunden haben.*
- Z. 2–5: Die Idealvilla soll gleichzeitig an der Ostsee, in Berlin und an der Zugspitze liegen, obwohl diese Orte alle sehr weit voneinander entfernt sind.
- Z. 8: mehr Zimmer als nötig
- Z. 9: Eichen sind viel zu große Bäume für einen Dachgarten
- Z. 11: Diener, die gut gezogen und stumm sein sollen
- Z. 12–13: zwei Frauen, davon eine als Reserve
- Z. 16–17: viel mehr Fortbewegungsmittel, als ein Mensch braucht
- Z. 25: immer mehr Geld
- Z. 27: ewige Gesundheit

12 **b.** „Ja, das möchste" (Z. 1, 28)
„sehn" (Z. 5)
„hast dus nicht weit" (Z. 6)
„wo die Eichen drauf stehn" (Z. 9)
„eine fürs Wochenende" (Z. 13)
„alles lenkste" (Z. 17)
„Und noch ne Million und noch ne Million" (Z. 25)
„pöapö" (Z. 31)
„dann fehln dir die Moneten" (Z. 34)

13 **b.** „ja" – Z. 1, 18, 20, 28
„und" – Z. 11–15, 19, 20, 23–28
„hast du" – Z. 33–35
„dann" – Z. 33–35

Seite 45

1 Das Gedicht beschreibt im ersten Teil ein Leben, das sich viele Menschen als ideal vorstellen. Dieses „Ideal" wird aber im zweiten Teil des Gedichts widerlegt. Das Gedicht macht deutlich, dass „das Ideal" aus der Überschrift nur selten erreicht wird.

2

Form und Stilmittel	Funktion
unregelmäßige Strophen und Verse	unterstützt die Aussage, dass nicht alles ideal ist
Paarreim	dadurch bleibt es ein Gedicht
Wiederholung des ersten Verses	teilt das Gedicht in zwei Teile
Umgangssprache und Dialekt	Vertrautheit, tröstende und ironische Stimmung
Übertreibung	unterstreicht die viel zu hoch gesteckten Ziele
Wiederholungen des Wortes „und"	betont, dass es zu viele Ideale sind

3 *So könnte deine Gedichtinterpretation aussehen:*
In dem Gedicht „Das Ideal" von Kurt Tucholsky aus dem Jahr 1927 geht es darum, dass nicht alles im Leben ideal sein kann. Man kann das Gedicht in zwei Teile gliedern. Im ersten Teil wird das Lebensideal einer Person beschrieben. Diese Person wird in dem Gedicht von dem lyrischen Sprecher direkt angesprochen. Der zweite Teil beginnt in Zeile 29 und weist darauf hin, dass nicht alles im Leben ideal sein kann. Irgendetwas stört uns Menschen immer. Die Strophen und die Verse des Gedichts sind unregelmäßig und unterschiedlich lang. Einige Verse sind durch Einrückung hervorgehoben, der Vers „Ja, das möchste" wird in den Zeilen 1 und 28 wiederholt. Die Unregelmäßigkeit der Strophen und Verse unterstützt die Aussage, dass nicht alles ideal ist. Durch den Paarreim ist der Text aber als Gedicht deutlich zu erkennen. Weil in dem Gedicht viel Umgangssprache und Dialekt vorkommt, wie in den Zeilen 1 und 28 „Ja, das möchste" oder in Zeile 25 „Und noch ne Million und noch ne Million", können sich die Leserinnen und Leser leicht in die Situation des Wünschenden hineinversetzen. Auf der anderen Seite gibt es viele Übertreibungen in dem Gedicht, wie zum Beispiel die Lage der Villa sowohl an der Ostsee als auch an der Friedrichstraße (Z. 2–6). Weitere Beispiele finden sich in den Zeilen 8 bis 10 und 16 bis 17. Diese Übertreibungen vermitteln eine ironische Distanz zu den Wünschen. Durch die Wiederholungen mancher Wörter, wie „ja" (Z. 1, 18, 20, 28) und besonders häufig „und" (Z. 11, 13–15, 19–20, 23–28) wirkt der erste Teil des Gedichtes so, als ob die Wünsche spontan aufgezählt werden. Im zweiten Teil des Gedichts erzeugen die Wiederholungen eine humorvolle Wirkung, mit der die Enttäuschung durch die Belehrung (dass das Leben selten ideal ist) abgemildert wird.
Das Gedicht „Das Ideal" macht sich auf humorvolle Weise über typische Vorstellungen von einem perfekten Leben lustig. Menschen, die ernsthaft alles haben wollen, werden mit diesem Gedicht lächerlich gemacht. Menschen, die sich eher im zweiten Teil des Gedichts wiedererkennen und die wissen, dass sie nie alles haben werden, werden dagegen getröstet. Es ist wichtig, dass man mit seinem Leben zufrieden ist und nicht von unerreichbaren Idealen träumt.

Seite 46

1 *Diese Anschrift solltest du angekreuzt haben:*
☒ Bundesagentur für Arbeit, Regensburger Straße 104, 90478 Nürnberg

2 Ein offizieller Brief muss einen *Absender* enthalten. Dieser steht in der oberen *linken Ecke* des Briefbogens. Name und Anschrift des *Empfängers* stehen *zwei Leerzeilen* unterhalb des Absenders. Das *Datum* steht in der rechten *oberen Ecke* des Briefbogens. Zwischen dem Empfänger und der Anrede steht die *Betreffzeile*. Diese Zeile gibt einen Hinweis in Stichworten zum *Inhalt* des Briefes. Ein offizieller Brief muss immer mit einer passenden *Anrede* beginnen und mit einem *Gruß* und der *Unterschrift* enden.

3 *So könnten die Betreffzeilen lauten:*
Ihr Schreiben vom 12. 03. 2011,
Unser Telefonat vom 15. 02. 2011,
Bestellung des Lexikons der Ausbildungsberufe,
Zimmerbuchung

4 **Anrede:** Sehr geehrte Damen und Herren,
Grußformel: Mit freundlichen Grüßen

Seite 47

7 Absenderadresse unvollständig, Empfängeradresse falsch, unklare Betreffzeile, unpassende Anrede, Grußformel fehlt, Unterschrift nicht handschriftlich

8 *Diese Information solltest du durchgestrichen haben:*
~~Meine Eltern arbeiten als Verkäuferin und Kraftfahrzeugmechatroniker.~~

9 Magdalena Müller 20.03.2012
(hier sollte eine Adresse stehen)

Bundesagentur für Arbeit
Regensburger Straße 104
90478 Nürnberg

Bestellung des Lexikons der Ausbildungsberufe 12/13

Sehr geehrte Damen und Herren,

ich bin Schülerin der neunten Realschulklasse der Martin-von-Tours-Schule in Neustadt/Hessen und mache voraussichtlich im Sommer 2013 meinen Abschluss.
Ich möchte mich über verschiedene Ausbildungsberufe und Berufsanforderungen im Bereich der Küche informieren. Daher bestelle ich mit diesem Schreiben das Lexikon der Ausbildungsberufe, Ausgabe 12/13. Ich bedanke mich im Voraus für Ihre Bemühungen.

Mit freundlichen Grüßen

Magdalena Müller

Seite 48

2 **A** Köchinnen und Köche kennen Rezepte für Gerichte, stellen Speisepläne auf, kaufen und lagern Zutaten ein, organisieren Arbeitsabläufe. Sie kochen, braten, backen und garnieren Gerichte, kalkulieren Preise und beraten Gäste.
B Köche und Köchinnen arbeiten hauptsächlich in den Küchen von Restaurants, Hotels, Kantinen, Krankenhäusern, Pflegeheimen und Cateringfirmen.
C Sie können auch in der Herstellung von Fertigprodukten und Tiefkühlkost tätig sein.
D Die Ausbildung dauert drei Jahre.
E Im zweiten Lehrjahr beträgt die Ausbildungsvergütung 446 € bis 589 €.

Seite 49

3 *Diese Sätze solltest du aufgeschrieben haben:*
A „Wenn sie einen Speiseplan aufgestellt haben, kaufen sie die Lebensmittel und Zutaten ein, bereiten sie vor oder lagern sie gegebenenfalls ein.“ (Z. 3–5)
B „In kleineren Küchen kochen, braten, backen und garnieren Köche und Köchinnen alle Gerichte selbst.“ (Z. 7–8)
C „Darüber hinaus sind sie in der Nahrungsmittelindustrie für Hersteller von Fertigprodukten und Tiefkühlkost tätig.“ (Z. 13–15)

4 **Lebensmittel einlagern** bedeutet, dass benötigte Waren auf Vorrat gekauft und in speziellen Räumen aufbewahrt werden. Dabei muss man darauf achten, dass die Lebensmittel richtig gelagert sind.
Arbeitsläufe organisieren bedeutet, dass man die Abfolge der Tätigkeiten der beteiligten Mitarbeiter plant.
Preise kalkulieren bedeutet, dass ein Verkaufspreis für die Gerichte festgelegt wird. Dabei müssen die Einkaufspreise der Zutaten und der Arbeitsaufwand berücksichtigt werden.

5 **Das Berufsbild der Köchin oder des Kochs**
Köchinnen und Köche kennen Rezepte für Gerichte, stellen Speisepläne auf, kaufen und lagern Zutaten ein, organisieren Arbeitsabläufe. Sie kochen, braten, backen und garnieren Gerichte, kalkulieren Preise und beraten Gäste. Während sie in kleineren Küchen meist alle Gerichte selbst zubereiten, sind sie in Großküchen meist auf die Zubereitung bestimmter Speisen spezialisiert.
Köchinnen und Köche arbeiten hauptsächlich in den Küchen von Restaurants, Hotels, Kantinen, Krankenhäusern, Pflegeheimen und Cateringfirmen, können aber auch in der Herstellung von Fertigprodukten und Tiefkühlkost tätig sein.
Der Beruf ist ein anerkannter Ausbildungsberuf nach dem Berufsbildungsgesetz (BBiG). Die Ausbildung dauert drei Jahre und wird im zweiten Lehrjahr mit 446 € bis 589 € vergütet.

Z **6** *So könnte deine Antwort lauten:*
Im Berufsbildungsgesetz (BBiG) stehen Bestimmungen über die Berufsausbildung, die Berufsausbildungsvorbereitung, die Fortbildung sowie die berufliche Umschulung.
Beispiel für eine Quelle: http://de.wikipedia.org/wiki/Berufsbildungsgesetz_%28Deutschland%29 (Downloaddatum 26.09.2011)

Seite 50

2 Mein Name ist Magdalena Müller und am 05.05.2011 von 8:00 bis 16:00 Uhr hatte ich meinen vierten Praktikumstag in der Küche des Hotels Sonne.

3 Ab 8:00 Uhr morgens betreute ich die Kaffeemaschine für das Frühstück, danach fuhr ich mit der Chefin zum Markt. Ich las dabei die Einkaufsliste, prüfte und probierte das Gemüse auf Frische und Qualität. Wir teilten die Einkäufe auf und nahmen die Kartoffel- und Zwiebelsäcke als Letztes mit. Um 9:45 Uhr fuhren wir zurück zum Hotel, wo ich dann 20 kg Kartoffeln schälte. Eine Stunde später schnitt ich 5 kg Zwiebeln. Um 11:30 Uhr half ich beim Eindecken einer Tafel für 50 Personen. Eine halbe Stunde später hatte ich für eine Dreiviertelstunde Mittagspause. Danach half ich beim Abräumen und bediente die Spülmaschine. Mit meiner nächsten und letzten Aufgabe, Salat zu waschen und zu schneiden, begann ich um 14:00 Uhr und um 16:00 Uhr endete mein erster Praktikumstag.

Seite 51

6 **b.** In dem Bericht gibt es mehrere wertende Aussagen.
Der Bericht ist nicht im Präteritum geschrieben.
Es gibt mehrere unsachliche Aussagen. Der Bericht enthält Zeitangaben, aber die Reihenfolge stimmt teilweise nicht.
Die Sätze sind nicht abwechslungsreich geschrieben.

7 Tagesbericht

Mein Name ist Magdalena Müller und ich absolviere mein Praktikum im Hotel Sonne als Köchin. Mein Praktikum begann am Montag, dem 02.05.2011, um 7:30 Uhr.
Ich wusch mir zuerst gründlich die Hände. Dann füllte ich Körbe und Schüsseln für das Frühstücksbüfett mit Brötchen und kleinen Portionen von Marmeladen, Honig und Butter nach. Abgeräumtes Geschirr säuberte ich von Essensresten und sortierte es in die Spülmaschinen.
Um 9:00 Uhr machte ich eine Frühstückspause.
Um 9:30 Uhr half ich beim Schälen von 20 Kilo Kartoffeln.
Um 10:30 Uhr durfte ich bei der Dekoration von Kuchenplatten für die Tagungsräume helfen. Dafür verwendeten wir Physalis, Litschis und aufgeschnittene Granatäpfel.
Um 11:00 Uhr sollte ich eine Salatsoße für das Mittagsbüfett anrühren. In einer großen Rührschüssel mixte ich mit dem Rührbesen Senf, Olivenöl, Essig, Salatkräuter, Pfeffer, Salz und Zucker. Dann prüfte der Koch mit einem sauberen Löffel, ob die Mischung gut ist. Die fertige Soße füllte ich danach in mehrere Glaskannen. Zwischen 12:00 und 12:30 Uhr wusch ich Salat und schnitt Tomaten für das Salatbüfett. Um 13:00 Uhr endete mein Praktikumstag.

Seite 52

1 *In dieser Reihenfolge solltest du die Fachbegriffe zugeordnet haben:*
der/die Ausbildende
der Ausbildungsbetrieb
der Ausbildungsberuf
der Betriebssitz
die Ausbildungsstätte
die Werktage
die Arbeitstage
die Vergütung
der Urlaubsanspruch
brutto
das Berufsausbildungsverhältnis
die Tarifverträge und Betriebsvereinbarungen
die Ausbildungsmaßnahmen

2
A Hotel Sonne
B 36 Monate
C 01.09.2013
D 9 Tage
E 3 Monate
F die gesetzlichen Vertreter des/der Auszubildenden
G im Ausbildungsbetrieb und in den mit dem Betriebssitz für die Ausbildung üblicherweise zusammenhängenden Bau-, Montage- und sonstigen Arbeitsstellen

Seite 54

2 Ihre, Ihnen, Ihrem, Sie, Ihr

3 Betreffzeile: keine Zeichensetzung
Anrede: Komma am Ende
Grußformel: kein Komma

Seite 55

4 *Diese Fehler solltest du markiert und so korrigiert haben:*
Rechtschreibfehler:
Ausbildungsplats – Ausbildungsplatz
gehrte – geehrte
Argentur – Agentur
ihnen – Ihnen
intensif – intensiv
lezten – letzten

Zeichensetzungsfehler:
- Komma nach Anrede fehlt,
- Zeile 6: Komma vor Relativsatz fehlt,
- Punkt nach Grußformel muss entfernt werden

Z 6 Den ersten Satz nach der Anrede schreibt man am Anfang *klein*.

Seite 56

1

Fremdwörter mit y	Fremdwörter mit c	Fremdwörter mit ch
der Zylinder, groggy, der Dynamo, der Typ, die Pyramide, der Physiker, das System, das Symbol, die City, die Party, die Story, der Pyjama, die Analyse, die Gymnastik, der Zyklus, zynisch, der Zyklon	die Creme, der Container, das Cockpit, clever, die City, der Campingplatz, der Carport, das Casting, die Chance, der Cousin	der Chor, die Chronik, die Cholera, der Charakter, das Chrom, das Chlor, die Chance, der Chef, die Chemie

2 Sängerinnen und Sänger singen oft in einem *Casting*. Riesige und sehr alte *Pyramiden* stehen am Nil.
Die *Cholera* ist eine schwere Krankheit. Am Samstagabend sind wir auf eine *Party* eingeladen.

3 groggy – angeschlagen, erschöpft
der Dynamo – Erzeuger von elektrischem Strom
der Container – ein Großraumbehälter zur Lagerung und zum Transport von Gütern
die Chronik – geschichtliche Darstellung
clever – schlau, gewitzt
das Symbol – Wahrzeichen, Sinnbild, Zeichen
der Pyjama – ein Schlafanzug
die Analyse – die Untersuchung
der Zyklus – der Kreislauf
der Zyklon – ein tropischer Wirbelsturm

Seite 57

4 b.

Fremdwörter mit ph	Fremdwörter mit rh	Fremdwörter mit th
der Prophet, die Atmosphäre, das Alphabet, die Phase, die Strophe, der Paragraph, die Katastrophe	das Rheuma, das Rhinozeros, der Rhythmus, die Rhetorik	die Apotheke, das Labyrinth, die Thermosflasche, die Methode, die Sympathie, der Athlet, die Bibliothek, das Theater, das Thermometer, der Rhythmus, die Theke, der Thron

5 a. *Diese Wörter solltest du markiert haben:*
Athleten – Apotheken – Rheuma – Rhythmus – Trainingsmethoden – Thermometer – Bibliotheken – Katastrophe

6 *In dieser Reihenfolge solltest du den Erklärungen diese Fremdwörter zugeordnet haben:*
das Rheuma – die Apotheke – die Bibliothek – das Thermometer – die Katastrophe – der Athlet

7 das Labyrinth – ein Irrgarten
die Atmosphäre – Stimmung, Milieu, Umwelt
die Rhetorik – Redekunst
die Sympathie – Zuneigung, Wohlgefallen

Seite 58

1 a. *So solltest du die Wörter eingetragen haben:*
Zusammen schreiben wir jetzt eine Postkarte an unsere Freundin.
Das Wort „schwarzärgern" muss man immer *zusammenschreiben*.
Achte genau auf die Temperatur, damit der Versuch nicht *schiefgeht*.
Herr Meier hat solche Rückenschmerzen, dass er ganz *schief geht*.
Kannst du das Dessert bitte auf dem Balkon *kalt stellen*?
Wir müssen den Linksaußen immer ablaufen, damit wir ihn *kaltstellen*.
Warum muss er seine Hausaufgaben nur immer so *schlecht machen*?
Wieso muss sie ihre Lehrerin nur immer so *schlechtmachen*?
Die nächsten Hausaufgaben will ich besonders *gut machen*.
Die Beleidigung kannst du mit einem Kompliment wieder *gutmachen*.
Du musst nicht immer deine misslungenen Versuche *schönreden*.
Wenn ihm ein Gespräch wichtig ist, kann er wirklich *schön reden*.
Die Richterin wird den Angeklagten bestimmt nicht *freisprechen*.
Als Anwalt muss man ohne Manuskript *frei sprechen* können.

2 a. jahrelang, freudestrahlend, hitzebeständig, berufstätig, angsterfüllt, butterweich

Seite 59

3 a. *Diese Wortgruppen solltest du markiert haben:*
Nomen + Verb: Auto fahren, Tennis spielen, Fahrrad fahren, Eis essen, Angst haben
Verb + Verb: spazieren gehen, stecken bleiben, kennenlernen, sitzen bleiben, warten lassen

4 das Autofahren, zum Tennisspielen, beim Fahrradfahren, vom Eisessen, das Angsthaben, beim Schlangestehen, vom Motorradfahren, zum Skilaufen, beim Maßhalten, das Feuerfangen, zum Handballspielen, vom Schlittschuhlaufen

5 beim Spazierengehen, das Steckenbleiben, zum Kennenlernen, vom Sitzenbleiben, das Wartenlassen, vom Stehenbleiben, beim Fallenlassen, das Liegenlassen, zum Lesenüben

6 Werte Gäste,
unser Sporthotel bietet Ihnen viele Möglichkeiten der Freizeitgestaltung. Auf dem See können Sie im Winter *Schlittschuh laufen*. Auf unserem Hausberg ist auch das *Skilaufen* möglich. Im Sommer lädt unser gepflegter Rasenplatz zum *Fußballspielen* ein und auf vier Sandplätzen können Sie *Tennis spielen*.

Seite 60

1 Nominalisierungen aus ...

Nomen + Verb	Verb + Verb	Adjektiv + Verb
das Autofahren, beim Radfahren, zum Angsthaben, das Feuerfangen, beim Maßhalten, zum Schlange-stehen	beim Badengehen, zum Joggengehen, das Sitzenbleiben, beim Essengehen, zum Schreiben-lernen, das Tanzenüben	zum Geduldig-bleiben, das Richtigmachen, beim Übrigbleiben, zum Schnellfahren, das Auswendig-lernen, beim Kleinschneiden

3 Manchen Menschen wird vom *Autofahren* schlecht.
Beim *Autofahren* muss man sich permanent konzentrieren.
Bei Regen habe ich zum *Badengehen* keine Lust. Ich langweile mich beim *Schlangestehen* an der Supermarktkasse.
Wir gehen zum *Eisessen* in die Eisdiele. Im Straßenverkehr ist das *Schnellfahren* mit dem Rad gefährlich.

Seite 61

4 Rad fahren
das Radfahren
riskantes Fahren
das riskante Fahren

5

Artikel + Verb	Attribut + Verb
das Autofahren, das Einkaufen	schnelles Fahren, lautes Hupen, ausdauerndes Gehen

Seite 62 – Das kann ich!

1 Bewerbungsschreiben müssen *fehlerlos* sein.

2 Betreff: Ausbildungsplatz als Altenpfleger
Anrede: Sehr geehrte Damen und Herren,
Grußformel: Mit freundlichen Grüßen

3 *Diese Fehler solltest du markiert und so korrigiert haben:*
Rechtschreibfehler:
Ausbilldungsplatz – Ausbildungsplatz
interesiere – interessiere
ihnen – Ihnen
das – dass
vorausichtlich – voraussichtlich
Vorstelungsgespräch – Vorstellungsgespräch

Zeichensetzungsfehler:
- Komma nach Anrede fehlt
- Zeile 6: Komma nach „habe“ fehlt
- Ausrufezeichen nach Grußformel muss entfernt werden

5 Die Lufthülle der Erde nennt man *Atmosphäre*.
Mit dem *Thermometer* bestimmt man die Temperatur.
Das Nashorn wird auch *Rhinozeros* genannt.
Ein schreckliches Unglück ist eine *Katastrophe*.
In der *Bibliothek* kann man Bücher ausleihen.
Die Abschnitte eines Gedichts nennt man *Strophe*.

Das kann ich! – Auswertung	
29–40 Punkte	Du hast schon viel gelernt. Weiter so!
18–28 Punkte	Du kannst es sicher noch besser. Übe weiter.
0–17 Punkte	Arbeite die Seiten 54 bis 57 noch einmal durch.

Seite 63 – Das kann ich!

1 Aus den getrennt geschriebenen Wortgruppen Nomen + Verb und Verb + Verb werden *zusammengesetzte* Nomen. Die Wörter *das*, *zum*, *beim* und *vom* machen's.

2 In unserer Gesellschaft gewinnt die Geschwindigkeit der Fortbewegung eine immer größere Bedeutung. Sehr langsam ist das *Spazierengehen*. Etwas eiligere Zeitgenossen können mit dem *Fahrrad fahren*. Favorit ist nach wie vor das *Autofahren*, obwohl man oft in einem Stau zum Warten gezwungen wird. Dann hört man die Fahrer manchmal fluchen: „Ach, wäre ich doch bloß mit dem *Zug gefahren* oder gleich mit dem *Flugzeug geflogen*.

3 **a.** jahrelang, leiderfüllt, berufstätig, butterweich

4 Verben werden nominalisiert und großgeschrieben, wenn ein *Artikel* oder ein *Attribut* davorsteht.

5 Taifur konnte bereits früh *Fahrrad fahren*. Beim *Spazierengehen* ist er oft gestolpert. Deshalb möchte er unbedingt *Auto fahren*, wenn er 18 ist, denn das lange *Stehen* im Bus ist unbequem. Aber zur Not kann er *laufen*, meinen seine Eltern. Denn das riskante und schnelle *Fahren* ist ihnen zu gefährlich.

Das kann ich! – Auswertung	
22–30 Punkte	Du hast schon viel gelernt. Weiter so!
14–21 Punkte	Du kannst es sicher noch besser. Übe weiter.
0–13 Punkte	Arbeite die Seiten 58 bis 61 noch einmal durch.

Seite 64

1 Als das Praktikum begann, musste Farina morgens um 06:00 Uhr aufstehen.

Da der Wecker nicht klingelte, wachte sie zu spät auf.

Sie rannte zum Bus, weil sie verschlafen hatte.

Der erste Praktikumstag machte Irina Spaß, obwohl sie zu spät kam.

Wenn das Praktikum beendet ist, will Irina ihren Berufswunsch überdenken.

2 **Im Berufsinformationszentrum (BiZ)**
Weil die Schülerinnen und Schüler im 9. Schuljahr ihre Zukunft planen müssen, besucht die Klasse das BiZ. Nachdem sie den Vortrag des Berufsberaters gehört haben, informieren sich die Schüler an verschiedenen Stationen. Nadine möchte weiter zur Schule gehen, denn sie hat in den Hauptfächern gute Noten. Max möchte eine Ausbildung machen, falls er den Zugang zur Klasse 10 b nicht schafft. Bevor er sich entscheidet, wartet er das nächste Zeugnis ab. Achmed ist Optimist. Er glaubt, dass ihm alle Türen offenstehen.

3 Während meine Mutter noch schlief, machte ich das Frühstück.
Ich machte das Frühstück, während meine Mutter noch schlief.

Wenn ich mit der Schule fertig bin, mache ich eine Ausbildung zur Physiotherapeutin.
Ich mache eine Ausbildung zur Physiotherapeutin, wenn ich mit der Schule fertig bin.

Als ich gestern spazieren war, traf ich meinen Nachbarn.
Ich traf meinen Nachbarn, als ich gestern spazieren war.

Seite 65

4 In unserer Stadt gibt es viele Sportstätten, die auf dem neuesten Stand sind.
Besonders modern ist das Fußballstadion, das sogar eine Rasenheizung hat.
Für etwa 40 000 Zuschauer gibt es Sitzplätze, die überdacht sind.
Neben dem Stadion gibt es einen Parkplatz, der 4000 Pkws Platz bietet.
Neben dem Stadion steht eine Mehrzweckhalle, die 10 000 Zuschauer fasst.

5 **Sehenswürdigkeiten**
Der Stadtführer erzählt einer Reisegruppe, die gerade angekommen ist: Meine Damen und Herren, wir stehen gerade vor dem historischen Rathaus, das in den Jahren 1613–1620 erbaut wurde. Beachten Sie bitte an dieser Eichentür die Schnitzereien, die von einem alten Meister eingearbeitet wurden.
Wir gehen nun weiter zu der Schule im Ortskern. Hier wurden vor über 500 Jahren die Kinder unterrichtet, die aus reichen Bürgerfamilien kamen. Im Hintergrund befindet sich ein alter Brunnen, der im Original erhalten ist.

6 Dieser Weg, der in den Wald führt, ist viel älter als alle Straßen hier.
Mitten im Wald, der vor allem aus Kiefern besteht, steht eine sehr alte Eiche.
Die Bauern, die gegen den Fürsten aufstanden, trafen sich an dieser Eiche.
Auf der Plakette, die am Baum befestigt ist, stehen die Namen der Bauern.

Seite 66

7 Um pünktlich zum Vorstellungsgespräch zu gelangen, muss man rechtzeitig aufstehen.

Anstatt mit mir zu telefonieren, könntest du mir auch eine SMS senden.

Sie antwortete einfach, ohne gefragt worden zu sein.

8 Sie ging nach Hause, ohne sich *umzudrehen*.
Anstatt die Ankunft des verspäteten Zuges *abzuwarten*, verließ er den Bahnhof.
Um sich in Englisch *fortzubilden*, besuchte sie einen Abendkurs.

9 **a.** Er wollte zu Fuß gehen, anstatt den Bus zu nehmen.
Sie schimpfte auf ihre Mitschüler, ohne sich hinterher zu entschuldigen.
Wir benötigen viel Zeit, um die Klassenfahrt vorzubereiten.

b. Um sich für die Feier umzuziehen, ging er nach der Arbeit nach Hause.
Anstatt auf den Preis zu achten, kaufte er sich das teuerste Handy.
Ohne zu zögern, nahm sie den Heiratsantrag an.

Seite 67 – Das kann ich!

1 In einem **Satzgefüge** werden *Nebensätze* (NS) vom **Hauptsatz** (HS) durch *Komma* abgetrennt. *Relativsätze* sind **Nebensätze, die sich** meist **auf ein vorangehendes Nomen** beziehen. Sie werden vom Hauptsatz durch ein **Komma** abgetrennt. *Infinitivsätze* enden auf einen **Infinitiv mit zu**. Infinitivsätze werden vom Hauptsatz durch ein *Komma* abgetrennt.

2 Die Geschäfte haben geschlossen, weil heute Sonntag ist.

Obwohl Kerstin zu spät aufstand, hat sie den Bus noch erwischt.

Meine Eltern vermuten, dass ich mich nicht gut auf den Test vorbereitet habe.

Als die Sonne unterging, wurde es sehr rasch dunkel.

3 Der Skispringer steht oben auf der Schanze, die im letzten Jahr renoviert wurde.

Dirk nimmt für den Ausflug sein altes Fahrrad, das schon etwas rostig ist.

Ich gehe mit unserem Hund spazieren, der ein Boxermischling ist.

4 Das Skateboard, das so bunt angemalt ist, gehört Petra.

Der Film, der in unserem Viertel gedreht wurde, läuft jetzt in den Kinos.

Die Klasse 9 b, die ihr Projekt vorgestellt hat, hat eine nette Klassenlehrerin.

5 **Das Bewerbungsgespräch**
Oft wird man direkt zu einem Bewerbungsgespräch eingeladen, ohne vorher einen Eignungstest zu machen. Der Personalchef stellt den Bewerbern viele Fragen, um einen Eindruck von der Person zu gewinnen. Auf Fragen zum Interesse an dem Beruf sollte man vorbereitet sein, anstatt ein peinliches Schweigen zu riskieren. Ohne zu zögern, sollte man möglichst alle Fragen beantworten.

Das kann ich! – Auswertung	
37–50 Punkte	Du hast schon viel gelernt. Weiter so!
23–36 Punkte	Du kannst es sicher noch besser. Übe weiter.
0–22 Punkte	Arbeite die Seiten 64 bis 66 noch einmal durch.

Seite 68

1 **b.** hört – denkt – hilft, Zeitform: Präsens
war – kehrte – bestand – trugen, Zeitform: Präteritum

2 *In dieser Reihenfolge solltest du diese Zeitformen der Verben ergänzt haben:*
nutzten – konnten – hatten eingesetzt – hatten – kamen durch – hatten – steckenblieben – waren – anrempelten – durchkamen – schränkte ein – galten – hatte verzichtet – hatte empfunden

3 *Diese Aussagen solltest du angekreuzt haben:*
X ... es den beschriebenen Beruf heute nicht mehr gibt.
X ... vor den Ereignissen im Präteritum liegen (Vorvergangenheit).

Seite 69

1 **b. Präsens:** werden ersetzt, werden angeboten, wird gefertigt, werden recycelt
Präteritum: wurden hergestellt, wurden abgefüllt, wurden ermöglicht

2 *In dieser Reihenfolge solltest du diese Verbformen ergänzt haben:*
wurden entsorgt, gesammelt wurden, wurde entzogen, wurde geschädigt, getrennt, wiederaufbereitet werden, wird aufgebracht, wird erreicht

Seite 70

1 *Diese Konjunktivformen solltest du markiert haben:*
sei – gäben – würden erkannt – könnten – könne

3

Indikativ	Konjunktiv I	Konjunktiv II	„würde“-Form
sie wünschen	sie wünschen	sie wünschten	sie würden wünschen
sie sind	sie seien	sie wären	sie würden sein
sie können	sie können	sie könnten	sie würden können
es wird	es werde	es würde	es würde werden
sie findet	sie finde	sie fände	sie würde finden
sie bringt	sie bringe	sie brächte	sie würde bringen

4 Lothar M., ein Lehrer, argumentiert, dass Kinder und Eltern sich Zensuren, vor allem aber gute Noten, wünschten. Für viele Schüler seien Zensuren deshalb eher schädlich, weil sie auch entmutigen könnten. Denn das Lernen werde dann zum Wettkampf.
Sibel C., eine Schulsprecherin, meint, dass sie die Benotung sinnvoll finde, weil sie sie dazu bringe, sich Mühe zu geben.

Seite 71 – Das kann ich!

1 *In dieser Reihenfolge solltest du diese Verbformen ergänzt haben:*
beschuldigt – schiebt – stammt – wanderten – übernachteten – wurde – führten – kam – musste – blieb – gelegt hatte – beschuldigte – getan hatte

2 *In dieser Reihenfolge solltest du die Verben so ergänzt haben:*
wurde abgefüllt – wurden abgepackt – wurden eingewickelt – wird eingesetzt – wurde (wird) herbeigeführt – wurden gekauft – wird gewünscht

3 **b.** Bettina W., Elternvertreterin, argumentiert, dass viele Eltern für Noten **seien**, weil die Kinder auch später in der Berufsausbildung bewertet **würden**. Die Schüler selbst **wollten** ja meistens Noten bekommen, weil sie ihnen bei der Selbsteinschätzung **helfen würden**. Natürlich **würden** sie auch die Gefahr **sehen**, dass Zensuren Misserfolge **verstärkten**, Lernen **sollte** ja nicht in erster Linie Wettkampf sein.

Das kann ich! – Auswertung	
29–40 Punkte	Du hast schon viel gelernt. Weiter so!
18–28 Punkte	Du kannst es sicher noch besser. Übe weiter.
0–17 Punkte	Arbeite die Seiten 68 bis 70 noch einmal durch.

Seite 72

1 **Warum wir ohne die Lüge verloren wären – Teil 1**
Wie oft haben Sie heute schon gelogen? Falls Sie nun „Kein einziges Mal" sagen, dann lügen Sie vermutlich schon. Es ist so unwahrscheinlich, weil Wissenschaftler von 200 Lügen pro Tag ausgehen. Wenn wir 16 Stunden täglich wach sind, würden wir 12,5-mal pro Stunde die Wahrheit verdrehen. Obwohl diese Zahlen etwas hoch erscheinen, sind sich alle einig: Wir lügen den lieben langen Tag, wenn wir es auch nicht zugeben.

2 In einem Nebensatz steht die gebeugte Verbform *am Ende*.

3 *In dieser Reihenfolge solltest du die Konjunktionen ergänzt haben:*
damit – wenn – falls – obwohl – wenn – weil

4 Wir lügen meistens, damit wir das Zusammenleben und -arbeiten erleichtern.
Wenn wir ein Gespräch mit einem Fremden beginnen wollen, führt die Wahrheit nicht immer zum Ziel. Wir brauchen die Lüge, obwohl die einen schlechten Ruf hat.

Seite 73

5 **Fehler vermeiden im Vorstellungsgespräch**
Man kann es nicht oft genug betonen: Informieren Sie sich über den Betrieb, bevor Sie zum Vorstellungsgespräch gehen. Sie können die Fragen zu Ihrer Motivation nicht erfolgreich beantworten, solange Sie nicht genau über den Betrieb informiert sind. Sobald man Sie einlässt, begrüßen Sie Ihr Gegenüber mit einem kräftigen Händedruck. Schauen Sie Ihrem Gesprächspartner in die Augen, während Sie mit ihm reden. Das vermittelt Selbstsicherheit und Offenheit.

6 **b.** Notieren Sie sich den Namen der Bezugsperson, bevor Sie aus dem Haus gehen.
Stellen Sie Ihr Handy aus, bevor Sie den Betrieb betreten.
Sehen Sie die Gesprächspartner an, während Sie auf die Fragen antworten.
Werden Sie nicht unfreundlich, sobald Ihnen kritische Fragen gestellt werden.
Reden Sie nur hochdeutsch, solange das Gespräch nicht beendet ist.

7 **b.** Er meldete sich bei mir, nachdem er meine Bewerbung erhalten hatte.
Nachdem wir das Gespräch beendet hatten, begleitete mich Herr Zenker zum Ausgang.
Sie gewann wieder mehr Selbstsicherheit, nachdem sie den Raum verlassen hatte.
Nachdem sich alle Kandidaten vorgestellt hatten, mussten sie sich für einen Bewerber entscheiden.

Seite 74

1 Sibel sucht eine Ausbildung, *die* nicht zu lange dauert.
Sie bewirbt sich in dem Betrieb, *den* sie vom Praktikum kennt.
Ihre Freunde, *denen* sie von der Ausbildung erzählt hat, rieten ihr davon ab.
Morgen ist die Prüfung, *der* sie entgegenfiebert.
Ihr Freund, *dem* sie bei der Bewerbung geholfen hat, bekam den Job.
Einige Mitschüler, *deren* Noten zu schlecht sind, wiederholen die Klasse.
Ihr Bruder, *dessen* Zeugnis sie kopieren soll, beginnt bald seine Ausbildung.

2 Hier ist das Formular, das wir ausfüllen sollen. Zeigst du mir den Brief, den du vorhin bekommen hast? Hier ist die Antwort, die ich erwartet habe. Kennst du den Betrieb, dem gestern der Ausbilderpreis verliehen wurde? Der Ausbildungsleiter, dessen Namen ich vergessen habe, hat viel gefragt. Der Sachbearbeiter, dem ich meine Nummer gegeben habe, wollte mich zurückrufen.

3 *So könntest du die Sätze ergänzt haben:*
Ich hätte gerne einen Beruf, der mir Spaß macht.
Menschen, die spontan sind, mag ich am liebsten.
Ein Film, der nur von Gewalt handelt, interessiert mich nicht.
Über Mitschüler, deren Hausaufgaben immer fehlen, ärgere ich mich.

Seite 75 – Das kann ich!

1 Zwischen Hauptsatz und Nebensatz steht ein *Komma*.
Im Nebensatz steht die gebeugte Verbform *am Ende*.
Temporale Nebensätze werden z. B. durch die Konjunktionen *bevor*, *während*, *seit* und *sobald* eingeleitet. Wenn man die Konjunktion *nachdem* verwendet, stehen in Haupt- und Nebensatz unterschiedliche Zeitformen.

2 *In dieser Reihenfolge solltest du die Konjunktionen ergänzt haben:*
damit – wenn – solange – obwohl

3 **Als** er am Bahnhof ankam, fuhr sein Zug gerade ein. **Während** er nach Bonn fuhr, las er noch einmal die Unterlagen. In Bonn nahm er schnell den Bus, **weil** er wenig Zeit hatte. **Nachdem** er das Gespräch beendet hatte, kaufte er sich ein Sandwich. **Obwohl** er den ganzen Tag nichts gegessen hatte, hatte er keinen Hunger. **Wenn** er schnell nach Hause wollte, musste er jetzt zum Bahnhof. Er kehrte zum Bahnhof zurück, **damit** er den Zug um 17 Uhr bekam.

4 Der Zeitungsartikel, den du mir gegeben hast, ist schwer zu verstehen. Unsere Ausbildungsplatzsuche ist ein Thema, das uns ständig beschäftigt. Ich habe einen alten Lehrer getroffen, dessen Namen ich vergessen habe. Meine Freundin, der ich das Buch besorgt habe, hat sich noch nicht gemeldet. Der Personalchef, den ich heute angerufen habe, war sehr freundlich.

Das kann ich! – Auswertung	
29–40 Punkte	Du hast schon viel gelernt. Weiter so!
18–28 Punkte	Du kannst es sicher noch besser. Übe weiter.
0–17 Punkte	Arbeite die Seiten 72 bis 74 noch einmal durch.

Seite 76

1 Wer oder was sollte Beschleunigen vermeiden?
- Der Fahrer (Subjekt)
Wen oder was sollte der Fahrer vermeiden?
- unnötiges Beschleunigen (Akkusativobjekt)
Wer oder was schadet dem Motor?
- hochtouriges Fahren (Subjekt)
Wem schadet hochtouriges Fahren?
- dem Motor (Dativobjekt)

2 und **Z** **3**

Wegen des höheren Spritverbrauchs (*Grund*) sollte man hohe Drehzahlen immer (*Zeit*) vermeiden. Häufig (*Zeit*) kann man auch in Ortschaften (*Ort*) im höchsten Gang (*Art und Weise*) fahren. Auf Landstraßen (*Ort*) kann man schon 500 m vor einer Ortschaft (*Ort*) den Fuß vom Gas nehmen. So muss man nicht unnötig (*Art und Weise*) bremsen. Wenn man vorausschauend (*Art und Weise*) fährt, kann man auch an roten Ampeln (*Ort*) Rollphasen optimal (*Art und Weise*) nutzen. An Bahnübergängen (*Ort*) sollte man den Motor abstellen.

Seite 77

1 Mich nervt, dass er ständig nörgelt.
Mir ist nicht so wichtig, dass er pünktlich erscheint.
Kein Vertrauen verdient, wer betrügt.
Dich interessiert wohl gar nicht, ob du vorwärtskommst!

2 Es ist wichtig, den Energiebedarf zu senken.
In den nächsten Jahren wird es unterstützt, Wärmeverluste zu vermeiden.
Es wird mittlerweile staatlich gefördert, Hauswände zu dämmen.
Es wird dringend empfohlen, Thermofenster zu verwenden.

Seite 78

1 Spülen Sie das Gerät gründlich aus, bevor Sie es erstmalig benutzen. Spülen Sie den Kalkfilter unter fließendem Wasser ab, nachdem Sie ihn entfernt haben. Sie schonen die Oberfläche des Geräts, dadurch, dass (indem) Sie das Gerät vorsichtig säubern. Eine Entkalkung im Rhythmus von drei Monaten reicht aus, selbst wenn Sie das Gerät täglich gebrauchen.

2 *Diese Sätze solltest du so umformuliert haben:*
Nehmen Sie das Gerät aus dem Sockel, bevor Sie den Wassertank befüllen. [...] Wenn der Siedepunkt erreicht ist, schaltet sich das Gerät automatisch ab. [...] Dadurch, dass Sie es regelmäßig entkalken, verlängern Sie die Lebensdauer des Geräts.

Seite 79 – Das kann ich!

1 Den Motor (*Wen? – Akkusativobjekt*) sollte man schonend (*Wie? – adverbiale Bestimmung der Art und Weise*) auf Betriebstemperatur warmfahren. Man (*Wer? – Subjekt*) sollte regelmäßig (*Wann? – adverbiale Bestimmung der Zeit*) den Reifendruck kontrollieren. Zu geringer Reifendruck schadet der Umwelt (*Wem? – Dativobjekt*) durch höheren Spritverbrauch. Auch wegen alter Zündkerzen (*Warum? – adverbiale Bestimmung des Grundes*) kann der Spritverbrauch (*Wer? – Subjekt*) schnell steigen.

2 Es dauert eine Weile, einen Praktikumsplatz zu finden.
Es hat mir Spaß gemacht, in der Gruppe gemeinsam zu arbeiten.
Es war unmöglich, die Maschine in der Bewegung zu stoppen.
Es war nötig, sich in der Pause nach dem Lärm auszuruhen.

3 **Bedienungsanleitung: Elektrische Zahnbürste**
Bevor Sie das Gerät einschalten, halten Sie die Bürste an die Zähne. Wenn Sie das Gebiss reinigen, führen Sie die Bürste mit leichtem Druck über die Zähne. Nachdem Sie die Zahnpflege beendet haben, entfernen Sie den Bürstenkopf vom Gerät.

Das kann ich! – Auswertung	
29–40 Punkte	Du hast schon viel gelernt. Weiter so!
18–28 Punkte	Du kannst es sicher noch besser. Übe weiter.
0–17 Punkte	Arbeite die Seiten 76 bis 78 noch einmal durch.

Seite 80

1 ☒ **a)** Gliederung

2 **a)** ☒ trifft nicht zu
b) ☒ trifft zu
c) ☒ trifft nicht zu
d) ☒ trifft zu

3 Die Betreffzeile steht über der Anrede.

Seite 81

1 und **2**
So könntest du diese Aufgaben gelöst haben:
Zuerst verschaffe ich mir einen Überblick, was ich leisten soll. Dazu überfliege ich die Materialien, den Schreibauftrag und die Einzelaufgaben. Als Nächstes lese ich den Schreibauftrag genau, damit ich weiß, worauf ich beim Lesen der Materialien achten muss. Danach teile ich mir meine Bearbeitungszeit ein. Nun lese ich die Materialien mithilfe des Textknackers in Ruhe durch. Dann bearbeite ich die Einzelaufgaben. Aufgaben, die ich nicht verstehe oder die mir unlösbar scheinen, überspringe ich. Sobald ich damit fertig bin, bearbeite ich meinen Schreibauftrag und nutze dafür die Arbeitstechniken. Das Ergebnis überarbeite ich und achte dabei auf Rechtschreibung, Grammatik und Stil. Zum Schluss kontrolliere ich meine Lösungen zu den Einzelaufgaben und achte auf Flüchtigkeitsfehler. Wenn ich am Ende Zeit übrig habe, bearbeite ich die zuvor ausgelassenen Aufgaben.

Seite 83

2 ☒ **a)** ... macht Leben auf unserem Planeten möglich.

3 ☒ **c)** Wasserdampf

4 ☒ **c)** ... um 2,6 Grad Celsius ansteigen.

5 Die Temperatur auf der Erde hat sich im 20. Jahrhundert um 0,74 Grad Celsius erhöht.

6 Die Experten des Weltklimarates kommen zu der Prognose, dass die Erderwärmung bis zum Jahr 2100 um 2,6 Grad Celsius ansteigen wird. Es gibt optimistischere Schätzungen von 1,1 Grad Celsius Erderwärmung, aber auch pessimistischere von 6,6 Grad Celsius.

Seite 84

7 **c)** ☒ Der Zusammenhang zwischen Temperatur und CO_2-Gehalt der Luft.

8 **a)** ☒ trifft nicht zu
b) ☒ trifft zu
c) ☒ trifft nicht zu
d) ☒ trifft zu

9 **c)** ☒ ... durch den Menschen und die Natur in die Atmosphäre.

10 *So solltest du die Flussdiagramme ergänzt haben:*

A Entstehung der Treibhausgase

Brände, Autos, Industrie und Haushalte
↓
Wasserdampf und CO_2

B Erwärmung der Atmosphäre durch die Treibhausgase

Sonne
↓
kurzwellige Strahlung dringt durch
↓
Absorption der Strahlung
↓
gibt langwellige Strahlung ab
↓
Wärmestrahlung bleibt
↓
Die Atmosphäre *erwärmt sich.*

11 Die Grafik zeigt, wie zum Beispiel durch Brände und Abgase CO_2 und Wasserdampf freigesetzt werden. Diese Treibhausgase verteilen sich dann in der Atmosphäre. Von der Sonne kommende kurzwellige Strahlen durchdringen die Atmosphäre mit den Treibhausgasen und werden vom Boden absorbiert. Vom Boden werden langwellige Wärmestrahlen abgegeben, welche die Atmosphäre mit den Treibhausgasen nicht durchdringen. Durch diese langwelligen Wärmestrahlen wird die Atmosphäre erwärmt.

Seite 85

12 **c)** ☒ ... durch Abgase aus Fabriken, Wohnhäusern und Autos.

13 **a)** ☒ trifft nicht zu
b) ☒ trifft nicht zu
c) ☒ trifft zu
d) ☒ trifft zu

14 *So könntest du diese Aufgabe gelöst haben:*
Einerseits kann ich verstehen, warum die Schülerin diese Aussage macht, aber andererseits finde ich, dass wir uns mit dieser deprimierenden Schlussfolgerung nicht zufriedengeben dürfen.
Es ist richtig, dass wir laut dem Sachtext „Die Zeit läuft davon – es wird heiß!" in einem „Teufelskreis" stecken: „je höher die Temperatur ansteigt, desto intensiver der durch Wolken ausgelöste Treibhauseffekt" (Z. 28–30).
Der Treibhauseffekt hat nicht nur negative Folgen, denn nur durch ihn bleibt „die Durchschnittstemperatur auf unserem Blauen Planeten [...] weitgehend konstant" (Z. 14–15). Außerdem bestehen Treibhausgase zum größten Teil aus Wasserdampf und nicht aus CO_2.
Trotzdem ist es wichtig zu wissen, dass „ein durch den erhöhten CO_2-Ausstoß bedingter Anstieg der Temperatur [...] den Prozess der Verdunstung" (Z. 24–26) verstärkt.
Der starke Temperaturanstieg in den letzten Jahrzehnten hängt in jedem Fall mit dem Anstieg des CO_2 in unserer Atmosphäre zusammen. Die „Erhöhung des CO_2-Ausstoßes in die Atmosphäre" wird sogar als „der wichtigste Grund für die Klimaerwärmung gesehen" (Z. 32–35). Man kann also doch etwas gegen die Erderwärmung tun. Wir Menschen tragen in großem Umfang dazu bei. Deshalb ist es wichtig, dass wir unsere Gewohnheiten ändern und zum Beispiel die Abgase aus Fabriken, Wohnhäusern und Autos reduzieren.

Zu Sachtexten schreiben (Leseverstehen) – Auswertung	
48–65 Punkte	Du hast schon viel gelernt. Weiter so!
29–47 Punkte	Du kannst es sicher noch besser. Übe weiter.
0–28 Punkte	Arbeite die Seiten 4 bis 31 noch einmal durch.

Seiten 86–88

Zu den Seiten 86–88 gibt es hier Lösungen zu zwei verschiedenen Ausgaben dieser Arbeitshefte. Wenn du die Ausgabe für Nordrhein-Westfalen verwendest, nutze die Lösungen ab Seite 21. Sie sind mit dem Hinweis „NRW-Ausgabe“ gekennzeichnet. Hier folgen die Lösungen zu den Seiten 86–88 der **Allgemeinen Ausgabe**.

Seite 87 Allgemeine Ausgabe

2 **a)** ✕ trifft nicht zu
b) ✕ trifft nicht zu
c) ✕ trifft zu
d) ✕ trifft zu

3 **a)** ✕ trifft zu
b) ✕ trifft nicht zu
c) ✕ trifft zu
d) ✕ trifft zu

4 **a)** ✕ trifft zu
b) ✕ trifft nicht zu
c) ✕ trifft zu
d) ✕ trifft nicht zu

5 **Argumente für und gegen die Mülltrennung an der Schule**

Pro-Argumente	Kontra-Argumente
- getrennter Müll kann wieder verwertet werden - Vorbildfunktion der Schule für den Stadtteil - viele bemühen sich dann, Müll zu vermeiden - erhebliche Einsparungen der Abfallgebühren	- Kosten der Behälter und der Sammelstelle - neue Abfallbehälter eventuell nicht angenommen - Abfallbehälter könnten für Entsorgung von Problemabfällen genutzt werden - könnten auch von schulfremden Personen genutzt werden

Seite 88 allgemeine Ausgabe

6 **1 stärkstes Kontra-Argument**: Die neuen Abfallbehälter werden vielleicht nicht angenommen.
2 mittelstarkes Kontra-Argument: Die Sammelstelle könnte auch von schulfremden Personen genutzt werden.
3 schwächstes Kontra-Argument: Man kann sich die Kosten für die Behälter und die Sammelstelle bei knappen Kassen nicht leisten.

7 **1 schwächstes Pro-Argument**: Es werden sich hoffentlich viele Schülerinnen und Schüler bemühen, Müll zu vermeiden.
2 mittelstarkes Pro-Argument: Der getrennte Müll kann wieder verwertet werden.
3 stärkstes Pro-Argument: Die Schule kann eine Vorbildfunktion für den Stadtteil einnehmen.

8 *Diese Beispiele könntest du aufgeschrieben haben:*

Nr.	Eigene Beispiele für die Pro-Argumente
1	- Verwendung von Stoffbeuteln anstelle von Plastiktüten - Kauf von Pfandflaschen
3	- in der Stadt werden auch mehr Sammelbehälter aufgestellt - stärkere Kontrollen

9 *So könntest du deinen Arbeitsauftrag gelöst haben:*

Sehr geehrte Damen und Herren,

wir, Schülerinnen und Schüler unserer Schule, sind der Meinung, dass die Müllentsorgung an unserer Schule nicht ausreichend zu einem nachhaltigen Umgang mit Ressourcen und der Natur beiträgt und darum nicht zeitgemäß ist. Wir bitten daher die Mitglieder des Schulausschusses, unseren Vorschlag für eine konsequente Abfalltrennung in der Schule anzunehmen und die Kosten für die Behälter und die Sammelstelle zu übernehmen. Verständlicherweise besteht die Sorge, dass die neuen Abfallbehälter nicht angenommen werden. Vielleicht besteht auch die Gefahr, dass die Behälter von schulfremden Personen benutzt werden könnten. Und natürlich entstehen am Anfang Kosten durch die getrennten Abfallbehälter und die Sammelstelle. Aber abgesehen davon, dass uns die Erhaltung der Umwelt diesen Preis wert sein müsste, sparen wir langfristig durch geringere Abfallentsorgungsgebühren sogar Kosten ein.
Wenn wir den Müll trennen würden, gäbe es zudem viele Vorteile für unsere Schule, für den Stadtteil und für die Natur. Erstens würden sich mehr Menschen bemühen, Müll zu vermeiden. So würden zum Beispiel Plastiktüten mehrfach verwendet oder gleich durch Stoffbeutel ersetzt werden. Für die Getränke würden nur noch Pfandflaschen verwendet werden. Ein weiteres Argument für die Mülltrennung ist, dass getrennter Müll zu großen Teilen wiederverwertet wird. So werden alte Glasflaschen zu neuen Glasflaschen und Plastikabfälle werden eingeschmolzen, um daraus neue Plastikbehälter zu formen. Außerdem wäre unsere Schule ein großes Vorbild für den gesamten Stadtteil. In der Umgebung würden mit der Zeit sicherlich auch mehr Sammelbehälter aufgestellt und stärkere Kontrollen durchgeführt werden.
Wir Schülerinnen und Schüler hoffen sehr, dass unser Vorschlag, den Müll an unserer Schule besser zu trennen, vom Schulausschuss angenommen wird. Für unsere Schule und für unsere Umwelt bringt die Mülltrennung nur Vorteile. Deswegen hoffen wir, dass der Schulausschuss die Kosten dafür übernimmt.

Mit freundlichen Grüßen

die Schülerschaft

Schriftlich argumentieren – Auswertung	
46–62 Punkte	Du hast schon viel gelernt. Weiter so!
30–45 Punkte	Du kannst es sicher noch besser. Übe weiter.
0–29 Punkte	Arbeite die Seiten 26 bis 31 noch einmal durch.

Seiten 86–88 Ausgabe Nordrhein-Westfalen

Hier folgen die Lösungen zu den Seiten 86–88
der **Ausgabe Nordrhein-Westfalen.**
Die Lösungen für diese Seiten in der Allgemeinen Ausgabe findest du auf Seite 20.

Seite 87 NRW-Ausgabe

2 NRW-Ausgabe
- Ursachen für die Klimaerwärmung
- Auswirkungen der Klimaerwärmung auf die Erde
- Maßnahmen, die dagegen ergriffen werden können; was kann der Mensch tun

3 NRW-Ausgabe
Diese Überschrift könntest du geschrieben haben:
Durch Überflutung gefährdete Nordseeküste

Seite 88 NRW-Ausgabe

4 NRW-Ausgabe

M1	- Treibhauseffekt eigentlich positiv, aber durch den vom CO_2-Anstieg hervorgerufenen Temperaturanstieg zu sehr verstärkt, wird zur Gefahr - durch erhöhten CO_2-Ausstoß Temperaturerhöhung, verstärkt Prozess der Verdunstung, daher verdichtete Konzentration des Wasserdampfs in der Atmosphäre - wichtigster Grund für Klimaerwärmung: erhöhter CO_2-Ausstoß - 20. Jahrhundert: Temperatur an der Erdoberfläche um 0,74 Grad Celsius erhöht - Schätzungen Erderwärmung bis zum Jahr 2100: 2,6 Grad Celsius, optimistischste Schätzung: 1,1 Grad Celsius, pessimistischste: 6,6 Grad Celsius
M2	- Zusammenhang von Temperatur- und CO_2-Anstieg - sehr hoher CO_2-Anstieg im letzten Jahrhundert - seit 1970 konstanter Temperaturanstieg
M3	- Treibhauseffekt führt dazu, dass sich die Atmosphäre erwärmt - der Mensch kann CO_2-Ausstoß aus Fabriken, Wohnhäusern und Autos reduzieren
M4	- Niederlande: Maßnahmen zum Schutz vor Hochwasser in Milliardenhöhe nötig - Schutz vor dem Wasser, Erhöhung der Deiche, Verbreiterung des Küstenstreifens - Sicherheit und Nachhaltigkeit im Umgang mit dem Klimawandel - Folge der Klimaerwärmung: steigender Meeresspiegel, gleichzeitig absinkendes Bodenniveau, Ansteigen des Meeresspiegels um 1,30 m bis zum Jahr 2100 - Gefahr: Überschwemmung großer Teile der Niederlande
M5	- Gefahr der Überflutung, Gebiete an der Nordseeküste, bis 2 m über dem Meeresspiegel
M6	- Folge der Klimaerwärmung: 3 km dicke Eisschicht in Grönland schmilzt - deshalb: Anstieg Meeresspiegel weltweit um ca. 7 m - dadurch: Gefahr der Überflutung Schleswig-Holsteins, von Teilen der niedersächsischen Nordseeküste, der Niederlande und Bangladeschs

6 NRW-Ausgabe
So könnte deine Gliederung aussehen:
Einleitung: Problem Klimaerwärmung
- obwohl Treibhauseffekt eigentlich positive Wirkung auf Atmosphäre, Klimaerwärmung mittlerweile zu großem Problem
- Auswirkungen so gefährlich, dass Maßnahmen getroffen werden müssen

Teil 1: Ursachen und Auswirkungen der Klimaerwärmung
- erhöhter CO_2-Ausstoß, Abgase aus Fabriken, Wohnhäusern und Autos
- durch höheren CO_2-Gehalt steigt die Temperatur, Verstärkung des Prozesses der Verdunstung, verdichtete Konzentration des Wasserdampfs in der Atmosphäre
- im Laufe des 20. Jahrhunderts: Temperatur an der Erdoberfläche um 0,74 Grad Celsius erhöht
- Temperaturanstieg bis 2100: ca. 2,6 Grad Celsius
- Eisschichten schmelzen
- Anstieg Meeresspiegel weltweit um etwa 7 m, Absinken des Bodenniveaus
- Überflutung der Küstengebiete

Teil 2: Maßnahmen gegen die Klimaerwärmung
- Reduzierung CO_2-Ausstoß aus Fabriken, Wohnhäusern und Autos
- Schutz vor Hochwasser in den Niederlanden in Milliardenhöhe notwendig
- Schutz vor dem Wasser, Erhöhung der Deiche, Verbreiterung des Küstenstreifens

Schluss:
- große Gefahr Klimaerwärmung
- der Mensch muss handeln, Maßnahmen ergreifen, bevor zu spät

6 NRW-Ausgabe
Diese Überschrift könntest du aufgeschrieben haben:
Klimaerwärmung – handeln, bevor es zu spät ist

7 NRW-Ausgabe
So könnte dein informativer Text aussehen:
Klimaerwärmung – handeln, bevor es zu spät ist
Ohne den Treibhauseffekt wäre es auf der Erde zu kalt für menschliches Leben. Obwohl der Treibhauseffekt also eine eigentlich positive Wirkung auf unsere Atmosphäre hat, wird mittlerweile das Leben auf unserem Planeten durch die Klimaerwärmung gefährdet. Es ist wichtig, über die Ursachen und Auswirkungen der Klimaerwärmung und über die Maßnahmen, die dagegen ergriffen werden können, Bescheid zu wissen.
Der wichtigste Grund für die Klimaerwärmung ist der erhöhte CO_2-Ausstoß in unsere Atmosphäre. Durch Abgase aus Fabriken, Wohnhäusern und Autos werden jeden Tag große Mengen von CO_2 in die Atmosphäre abgegeben. Im letzten Jahrhundert ist der Anteil von CO_2 in der Luft um etwa 100 ppm (Teilchen pro Millionen Luftteilchen) angestiegen. Auch wenn das CO_2 nur 12 Prozent der Treibhausgase ausmacht, ist es trotzdem der Grund für die negative Entwicklung des Treibhauseffektes,

(Fortsetzung auf Seite 22)

zu Seite 88 NRW-Ausgabe

(Fortsetzung der Lösung zu Aufgabe 7)

der letztendlich zur Klimaerwärmung führt. Grund dafür ist der Zusammenhang zwischen dem steigenden CO_2-Gehalt in der Atmosphäre und dem Temperaturanstieg. Durch höhere Temperaturen gibt es mehr Wasserdampf, der den größten Teil der Treibhausgase ausmacht. Die Wolken werden dadurch immer dichter und verstärken zusätzlich den Treibhauseffekt. Im Laufe des 20. Jahrhunderts hat sich die Temperatur bereits um 0,74 Grad Celsius erhöht. Schätzungen zufolge wird sie bis zum Jahr 2100 noch um etwa 2,6 Grad Celsius ansteigen. Durch diesen extremen Temperaturanstieg schmelzen Eisberge und Gletscher.
Das führt dazu, dass der Meeresspiegel ansteigt. Zusammen mit einem absinkenden Bodenniveau, einer weiteren Auswirkung der Klimaerwärmung, droht die Gefahr von weltweiten Überflutungen. Im Innern Grönlands zum Beispiel droht die 3 Kilometer dicke Eisschicht zu schmelzen.
Der Meeresspiegel würde dadurch um 7 Meter ansteigen. Regionen, die nur 3 bis 5 Meter über dem Meeresspiegel liegen, würden komplett überflutet werden. Betroffen von dieser Überflutung wären Gebiete wie Schleswig-Holstein, Teile der niedersächsischen Nordseeküste, der Niederlande oder Bangladeschs.
Bis zum Jahr 2100 wird der Meeresspiegel Schätzungen zufolge um 1,30 Meter ansteigen. Die Gebiete an der Nordseeküste, die bis zu 2 Meter über dem Meeresspiegel liegen, sind davon bedroht, vollständig überflutet zu werden.
Es ist nicht nur wichtig, dass der Mensch sich der vielen Gefahren der Klimaerwärmung bewusst wird, sondern auch, dass er etwas dagegen tut. Es gibt Maßnahmen, die ergriffen werden können. So ist es zum Beispiel wichtig, den CO_2-Ausstoß zu reduzieren. Der Mensch muss seine Gewohnheiten ändern und so die Abgase aus Fabriken, Wohnhäusern und Autos reduzieren. Außerdem ist es nötig, sich vor Hochwasser zu schützen. In den Niederlanden zum Beispiel werden Schutzmaßnahmen in Milliardenhöhe benötigt. Zum Schutz vor dem Wasser müssen die Deiche erhöht werden und der Küstenstreifen muss an manchen Stellen sogar um bis zu einen Kilometer verbreitert werden.
Alle diese Auswirkungen auf die Erde durch die Klimaerwärmung zeigen, wie gefährlich sie für das zukünftige Leben auf unserem Planeten ist. Die Temperatur wird weiter ansteigen, genau wie der Meeresspiegel. Es ist daher nicht nur wichtig, sich über die Klimaerwärmung zu informieren und sich der Gefahren bewusst zu werden, sondern es ist noch viel wichtiger zu handeln. Noch gibt es Möglichkeiten, noch gibt es Maßnahmen, die ergriffen werden können, um die Gefahren der Klimaerwärmung zu reduzieren.
Es muss etwas getan werden, bevor es zu spät ist.

Zu Sachtexten schreiben (Informierendes Schreiben) – Auswertung (NRW-Ausgabe)	
44–60 Punkte	Du hast schon viel gelernt. Weiter so!
27–43 Punkte	Du kannst es sicher noch besser. Übe weiter.
0–26 Punkte	Arbeite die Seiten 4 bis 13 noch einmal durch.

Die Lösungen zu den Seiten 91–93 gelten wieder für beide Ausgaben der Arbeitshefte:

Seite 90

2 Seal und Miss D.

3 **b)** ☒ am Nachmittag

4 **a)** ☒ Seal empfindet ein Bedürfnis, einem Mitmenschen Blumen zu schenken.

5 **a)** ☒ Miss D. ist die erste Person, die ihm einfällt.

Seite 91

6 **a)** ☒ trifft nicht zu
b) ☒ trifft nicht zu
c) ☒ trifft zu
d) ☒ trifft zu

7 **a)** ☒ trifft zu
b) ☒ trifft nicht zu
c) ☒ trifft zu
d) ☒ trifft nicht zu

8 In der Kurzgeschichte „Lasst Blumen sprechen“ von William Sansom geht es um einen Mann, der einem Mitmenschen gern etwas Gutes tun möchte. Dieser Mann namens Seal läuft eines sommerlichen Nachmittags durch seinen Garten und freut sich über die schönen Blumen. Sie erwecken in ihm das Bedürfnis, einen Strauß an jemanden zu verschenken. Er pflückt deshalb ein paar von den „gewöhnlichen“ Blumen. Die erste Person, die ihm einfällt, ist seine Nachbarin Miss D., deswegen möchte er ihr den Strauß schenken. Plötzlich bekommt er Bedenken, weil es für das Geschenk eigentlich keinen Grund gibt. Er wirft die Blumen auf die Straße und geht zurück in seinen Garten. Miss D., die aus ihrem Fenster alles beobachtet, ist einerseits traurig und andererseits erleichtert, dass Seal ihr die Blumen nicht geschenkt hat.

9 **a)** ☒ trifft zu
b) ☒ trifft zu
c) ☒ trifft zu
d) ☒ trifft zu
e) ☒ trifft nicht zu

10 **1. Textstelle:** unvermittelter Einstieg
2. Textstelle: kurzer Zeitabschnitt

11 In der Kurzgeschichte wird ein „alltägliches Geschehen“ beschrieben, weil beide Figuren sich in ihrem normalen Umfeld befinden und etwas Alltägliches tun.

12 Die Kurzgeschichte hat kein „offenes Ende“, denn der Leser erfährt, dass Seal sein Vorhaben nicht verwirklicht.

Seite 92

13 Das Merkmal „nur wenige Figuren“ trifft zu, da nur zwei Personen – Seal und Miss D. – an der Handlung beteiligt sind.

14 Seal ist ein vermutlich junger Mann, der in einem Haus mit einem Garten wohnt. Er mag seinen Garten sehr und genießt es, sich in ihm aufzuhalten. Er kennt seine Nachbarn nicht persönlich.

15 Miss D. ist eine unscheinbare Frau, die ungefähr 20 Jahre alt ist. Sie wohnt in einem Mietshaus, wahrscheinlich in einem Neubau, gegenüber von Seals Garten. Ihr Zimmer ist kahl und ungemütlich. Sie hat einen langen Oberkörper und kurze Beine, wodurch ihre Art zu gehen (zumindest auf Seal) etwas steif wirkt.

16 In der Geschichte gibt es keine eindeutigen Anzeichen dafür, dass Seal und Miss D. sich sehr mögen. Seal kennt Miss D. nicht weiter („Er kannte sie nur flüchtig“, Z. 16) und das Einzige, was ihm an ihr auffällt, ist ihr eigenartiger Gang. („Wenn Seal überhaupt je an Miss D. dachte, so war es, weil ihm ihre Art zu gehen missfiel.“ Z. 17–19) Außerdem ist er nicht an ihr interessiert. („Er fühlte sich zu Miss D. in keiner Weise hingezogen.“ Z. 15)
Miss D. weiß, dass Seal sich nicht für sie interessiert. („Es ist ja nicht so, als hätte er Absichten auf mich.“ Z. 65–66) Es wird nicht ganz klar, warum es für Miss D. „äußerst peinlich“ (Z. 65), aber dennoch „rührselig“ gewesen wäre, wenn Seal ihr Blumen geschenkt hätte. Entweder mag sie ihn doch ein bisschen oder sie ist einfach nur sehr schüchtern.

17 In der Kurzgeschichte „Lasst Blumen sprechen“ von William Sansom geht es um einen Mann, der einem Mitmenschen gern etwas Gutes tun möchte. Der Mann namens Seal läuft eines sommerlichen Nachmittags durch seinen Garten und freut sich über die schönen Blumen. Sie erwecken in ihm das Bedürfnis, einen Strauß an jemanden zu verschenken. Er pflückt deshalb ein paar von den „gewöhnlichen“ Blumen. Die erste Person, die ihm einfällt, ist seine Nachbarin Miss D., deswegen möchte er ihr den Strauß schenken. Plötzlich bekommt er Bedenken, weil es für das Geschenk eigentlich keinen Grund gibt. Er wirft die Blumen auf die Straße und geht zurück in seinen Garten. Miss D., die aus ihrem Fenster alles beobachtet, ist einerseits traurig und andererseits erleichtert, dass Seal ihr die Blumen nicht geschenkt hat.
Es handelt sich hier um eine Kurzgeschichte, da fast alle Merkmale dieser Gattung zutreffen. Die Geschichte beginnt unvermittelt in Seals Garten (Z. 1–2). Ein alltägliches Geschehen, an dem nur zwei Personen beteiligt sind, wird berichtet. Das Merkmal „nur wenige Figuren“ trifft also auf diese Kurzgeschichte zu. Die Geschichte findet an einem sommerlichen Nachmittag in einem Zeitraum von vermutlich weniger als einer Stunde statt. Es wird also nur über einen sehr kurzen Zeitabschnitt berichtet.
Es gibt zwei Hauptfiguren in der Kurzgeschichte. Seal ist ein vermutlich junger Mann, der in einem Haus mit einem Garten wohnt. Er mag seinen Garten sehr und genießt es, sich in ihm aufzuhalten. Seine Nachbarn kennt Seal nicht persönlich. So auch nicht Miss D., die zweite Hauptfigur. Sie ist eine unscheinbare Frau von ungefähr 20 Jahren. Sie wohnt in einem Mietshaus, wahrscheinlich einem Neubau, gegenüber von Seals Garten. Ihr Zimmer ist kahl und ungemütlich. Sie hat einen langen Oberkörper und kurze Beine, wodurch ihre Art zu gehen (zumindest auf Seal) etwas steif wirkt.
In der Geschichte gibt es keine eindeutigen Anzeichen dafür, dass Seal und Miss D. sich sehr mögen. Seal kennt Miss D. nicht weiter („Er kannte sie nur flüchtig“, Z. 16) und das Einzige, was ihm an ihr auffällt, ist ihr eigenartiger Gang. („Wenn Seal überhaupt je an Miss D. dachte, so war es, weil ihm ihre Art zu gehen missfiel. Sie hatte einen steifen Schritt, wobei der lange Oberkörper voraussegelte und die kurzen Beine ihn einzuholen trachteten.“ Z. 17–20) Außerdem ist er nicht an ihr interessiert. („Er fühlte sich zu Miss D. in keiner Weise hingezogen.“ Z. 15) Er hat sich zufällig dafür entschieden, ihr die Blumen zu schenken. Miss D. weiß, dass Seal sich nicht für sie interessiert. („Es ist ja nicht so, als hätte er Absichten auf mich.“ Z. 65–66) Trotzdem hätte sie sich sehr gefreut, wenn er ihr den Blumenstrauß geschenkt hätte. („Wäre es nicht nett gewesen [...] wenn dieser Mr Seal mir den hübschen Blumenstrauß gebracht hätte?“ Z. 58–59)
Es wird nicht ganz klar, warum es für Miss D. „äußerst peinlich“ (Z. 65), aber dennoch „rührselig“ gewesen wäre, wenn Seal ihr Blumen geschenkt hätte. Entweder mag sie ihn doch ein bisschen oder sie ist einfach nur sehr schüchtern.

18 *So könntest du ein anderes Ende formuliert haben:*
Entschlossen betrat Seal das Mietshaus, in dem Miss D. wohnte. Er war sich zwar nicht sicher, wie sie auf sein Geschenk reagieren würde, aber getragen von seiner guten Absicht, machte er sich darüber keine Gedanken. Als er die Treppe zu ihrer Wohnung hinaufging, summte er kaum hörbar eine Melodie, die er öfter im Kopf hatte. Miss D. öffnete beinahe sofort, nachdem er an ihrer Tür geklingelt hatte. Da stand er plötzlich mit den Blumen in der Hand und wusste gar nicht, was er sagen sollte. Immerhin streckte er ihr den Blumenstrauß entgegen. Miss D. strahlte, als sie die Blumen sah, und dann lächelte sie Seal freundlich an. Der räusperte sich und erklärte: „Ich habe so viele schöne Blumen im Garten und dachte, vielleicht kann ich Ihnen mit diesem Strauß eine Freude machen.“ Miss D. bedankte sich für die schönen Blumen und bat ihn einzutreten.
„Möchten Sie eine Tasse Kaffee?“, fragte sie. Seal zögerte mit der Antwort. Seinen Wunsch hatte er doch in die Tat umgesetzt – er hatte jemandem die Blumen geschenkt. Etwas anderes wollte er doch gar nicht und schon gar nicht von Miss D. Aber vermutlich wäre es unhöflich, ihr Angebot abzulehnen. Darüber hätte er vielleicht vorher nachdenken sollen, ärgerte er sich in Gedanken. Während er noch nachdachte und zu keinem Ende kam, sagte sie: „Vielleicht haben Sie zu tun. Wenn es Ihnen heute nicht passt, können Sie gerne ein anderes Mal auf einen Kaffee vorbeikommen. Ich will jetzt diese schönen Blumen in die Vase stellen.“ Dankbar für die Möglichkeit zum Rückzug, die sie ihm gegeben hatte, fiel es Seal viel leichter, eine Entscheidung zu fällen.

Eine Kurzgeschichte interpretieren – Auswertung	
58–80 Punkte	Du hast schon viel gelernt. Weiter so!
36–57 Punkte	Du kannst es sicher noch besser. Übe weiter.
0–35 Punkte	Arbeite die Seiten 32 bis 41 noch einmal durch.

Seite 93

2 *So solltest du die markierten Stellen korrigiert haben:*

Der Regenwald

Im tropischen Regenwald kommen viele Pflanzen- und Tierarten vor. Die Mehrzahl von ihnen ist wenig erforscht. Aber man weiß, dass rund 90 Prozent der Tiere Insekten sind, die vor allem den Boden in Massen bevölkern. Im feuchtwarmen Klima wachsen etwa 10 000 Baumarten. Diese tragen oft gleichzeitig Blüten, frische Blätter, welkende Blätter, junge Früchte und reife Früchte. Daher ist der tropische Regenwald immer grün. Im Durchschnitt sind die Bäume 40–50 Meter hoch. Einzelne Baumriesen erreichen stolze 80 Meter. Die nennt man Überständer. Leider ist der Regenwald bedroht. Das liegt an den Bodenschätzen, am Holz und an der landwirtschaftlichen Nutzung durch den Menschen.

3 *So könntest du die markierten Stellen korrigiert haben:*

Lasst Blumen sprechen

In der Kurzgeschichte „Lasst Blumen sprechen“ von William Sansom geht es um einen Mann namens Seal, der einer Nachbarin eine Freude machen möchte. In seinem Garten stehen viele schöne Blumen. Da beschließt er, welche von ihnen zu pflücken. Er geht in den Garten, bückt sich und pflückt einen schönen Strauß. Diesen will er Miss D. schenken, doch plötzlich überlegt er es sich anders. Er denkt, Miss D. könne ihn belächeln, und wirft deshalb den Blumenstrauß weg.

Fehler vermeiden – Auswertung	
37–50 Punkte	Du hast schon viel gelernt. Weiter so!
23–36 Punkte	Du kannst es sicher noch besser. Übe weiter.
0–22 Punkte	Arbeite die Seiten 13, 25, 31, 37, 47, 51 und 54–67 noch einmal durch.

Kommasetzung
Komma in Satzgefügen 64
Komma in Relativsätzen 65
Komma in Infinitivsätzen 66
Das kann ich! 67

Grammatik

Wortart: Verb
Wiederholung: Präsens, Präteritum und Plusquamperfekt 68
Das Passiv im Präsens und im Präteritum 69
Indirekte Rede: Konjunktiv I, II und Ersatzform 70
Das kann ich! 71

Satzgefüge
Konjunktionalsätze 72
Relativsätze 74
Das kann ich! 75

Satzglieder
Wiederholung: Subjekt, Objekt und adverbiale Bestimmungen 76
Subjekt und Subjektsatz 77
Adverbiale Bestimmungen und Adverbialsätze 78
Das kann ich! 79

Lernerfolgskontrolle – Prüfung

Aufgabentypen in Tests und Prüfungen 80

In Tests und Prüfungen gute Ergebnisse erzielen 81

Zu Sachtexten schreiben
Material 1: Die Zeit läuft davon – es wird heiß! 82
Material 2: Anstieg des CO_2 und der Temperatur 82
Material 3: Der Treibhauseffekt 83

Schriftlich argumentieren 86
Material 1: Wohin mit dem Müll? 86
Material 2: Anzuschaffende Behälter für die Mülltrennung 87

Eine Kurzgeschichte interpretieren 89
Lasst Blumen sprechen – William Sansom 89

Fehler vermeiden 93

Wissenswertes auf einen Blick
Rechtschreiben, Zeichensetzung 94
Grammatik 95

Arbeitstechniken findest du in den Klappen und auf der vorderen Umschlagseite.

Z Hier findest du zusätzliche Aufgaben zum Weiterarbeiten.

Sachtexten Informationen entnehmen

Texte überfliegen und auswählen

Mithilfe von Materialien erstellst du die Gliederung für ein Referat.

➤ Die Arbeitstechnik „Der Textknacker" findest du in der vorderen Klappe.

1 a. Lies deinen Arbeitsauftrag.
b. Betrachte Bilder, Überschriften, Formen der Materialien.

Textknacker
Schritt 1:
Vor dem Lesen

Dein Arbeitsauftrag

Der Regenwald ist wichtig für das Weltklima – aber er schrumpft jedes Jahr.
Wie ist der Regenwald aufgebaut? Wodurch ist der Regenwald gefährdet?
- Suche Antworten auf diese Fragen in den Materialien 1 bis 5.
- Arbeite eine Gliederung für ein Referat zum Thema „Regenwald" aus.

Material 1

Der tropische Regenwald – ein Kreislauf des Lebens

Der tropische Regenwald ist ein **Paradies** für **Pflanzen und Tiere**. Biologen schätzen, dass **über die Hälfte aller Tier- und Pflanzenarten** nur hier vorkommen. Die Mehrzahl der Arten ist kaum erforscht. Viele von ihnen hat noch nie ein Mensch gesehen. Größere pflanzenfressende Tiere sind selten. Dafür bevölkern **Insekten** (zum Beispiel Termiten) in Massen den Boden. Rund **90 Prozent** der tierischen Mieter des immer feuchten Waldhauses sind Insekten. Es gibt etwa **10 000 Baumarten**. Das Bild der Regenwälder wird von Bäumen bestimmt. Sie und die anderen Pflanzen **gedeihen das ganze Jahr** über. An einem einzigen Baum können sich gleichzeitig Blüten, frische und welkende Blätter sowie junge und reife Früchte befinden. Das feuchtwarme Klima sorgt dafür, dass der tropische Regenwald **immer grün** ist.
Bis zu 80 Meter hoch ragen einzelne Baumriesen. Sie durchstoßen das Dachgeschoss des Regenwaldes und werden Überständer genannt. Das Dachgeschoss besteht aus den Kronen von 40 bis 50 Meter hohen Bäumen. Sie bilden eine geschlossene Decke, auf der etwa zwei Drittel aller Tier- und Pflanzenarten des tropischen Regenwaldes leben. Fliegende und kletternde Tiere haben es leichter, von Baum zu Baum zu gelangen. Deshalb sind Affen weit verbreitet. Die Baumkronen sind so eng verwachsen, dass Regen und Sonne kaum durchdringen. Deswegen liegen die jungen Bäume und Sträucher im Mittelgeschoss und die Pflanzen im Erdgeschoss darunter in einem dämmerigen, in Bodennähe fast düsteren Licht. Der Regenwald schafft ein Klima für sich selbst und ist zugleich eine Klimaanlage für die Erde. Seine gewaltige Verdunstung setzt Energiemengen frei, die bis nach Nordeuropa transportiert werden.
Nur ein bis zwei Prozent des Sonnenlichts und etwa ein Drittel der Regenmassen dringen durch die dichte Decke der Baumkronen. Pilze, Farne und Blütenpflanzen passen sich der immer gleichen Feuchtigkeit, Temperatur und dem Dämmerlicht an. Millionenheere von Treiberameisen ziehen am Boden durch den Wald und vertilgen Spinnen, Insekten und sogar kleinere tote Säugetiere und Reptilien. Blätter und abgestorbene Äste werden sehr schnell von Termiten und Würmern zersetzt. So schnell, dass sich kaum nährstoffreicher Humus bilden kann. Lange Zeit glaubte man, dass die Böden des Regenwaldes besonders fruchtbar seien. Das ist ein Irrtum. Schon nach wenigen Zentimetern stößt man unter der oberen Bodenschicht auf Sand und Lehm. Die Bäume, selbst die jahrhundertealten Urwaldriesen, können sich nur halten, weil sie sich mit meterhohen, verzweigten Wurzeln über der Erde im Erdgeschoss festkrallen.

Material 2

Regenwälder in Gefahr

Der tropische Regenwald umspannt als grüner Gürtel beiderseits des Äquators die Erde. Millionen von Jahren war er sich selbst überlassen und schuf ein Ökosystem, das sich selbst regulierte. 15 000 000 Quadratkilometer Paradies – das war einmal. Im vergangenen halben Jahrhundert ist es um die Hälfte geschrumpft. Der Mensch entdeckte die Schatzkammer und begann, sie zu plündern. Der Regenwald schien ein unerschöpflicher Lieferant von Bodenschätzen, edlen Hölzern und Früchten zu sein. 40 Prozent der Medikamente in unseren Apotheken bestehen aus tropischen Pflanzen, zum Beispiel Chinin aus dem Chinarindenbaum. Die Kosmetikindustrie braucht tonnenweise das Fleisch der Kokosnuss für die Herstellung von Gesichtscremes. Doch wir Menschen müssen begreifen, dass der Raubbau am Regenwald ein Raubbau an der Existenz der ganzen Erde ist.

Den Wanderfeldbau kann man noch als ökologisches Wirtschaften bezeichnen. Anders ist es mit den Rodungsweiden, auf denen Hunderttausende Rinder grasen. In den letzten Jahren hat sich der Rinderbestand in Amazonien mehr als verdoppelt. Weite Flächen des Regenwaldes fallen Plantagen zum Opfer, auf denen Soja als Viehfutter angebaut wird. Tropische Hölzer wie Mahagoni, Teak und Ebenholz sind schon seit Jahrtausenden begehrt. Um an die Bäume heranzukommen, werden Schneisen in den bis dahin unberührten Wald geschlagen. Wird einer der Urwaldriesen umgesägt, dann reißt er beim Fallen andere Bäume und Sträucher mit. Etwa 75 Prozent des umgebenden Waldes werden vernichtet, wenn ein kostbarer Baum zu Boden kracht. Auf den Straßen, die Bulldozer und Raupenschlepper in den Wald pflügen, fahren Lastwagen oft tagelang, um die Stämme zu den Häfen und Holzwerken zu bringen. Es wird geschätzt, dass in Asien bereits 70 Prozent des Regenwaldes vernichtet sind. Im südamerikanischen Amazonien führt der Abbau von Eisenerz, Gold, Bauxit und Kupfer zum Abtragen ganzer Berge und zur Bildung von Stauseen, die weite Teile des Waldes überfluten. Weltweit wird alle zwei Sekunden Regenwald von der Größe eines Fußballfeldes vernichtet, pro Jahr eine Fläche von der Größe Griechenlands. Der Raubbau am Regenwald führt zur Umsiedlung, Vertreibung oder sogar Ausrottung von Stämmen der Ureinwohner. Sie verlieren ihren Lebensraum wie unzählige Arten von Tieren und Pflanzen. Es entstehen soziale Konflikte zwischen denen, die vom Raubbau profitieren, und denen, deren Heimat verschwindet. Ihr Lebensraum verwandelt sich in totes Land. Wo die Pflanzendecke fehlt, fließt der Regen sofort ab. Der ungeschützte Boden wird durch Erosion abgetragen. In den meisten abgeholzten Regionen wird deshalb nie wieder Wald wachsen. Tropenhölzer wie Sipo oder Sapelli sind zwar von der Möbelindustrie begehrt – aber ein Baum dieser Art braucht 400 bis 900 Jahre, ehe er erntereif ist. Wo dieser mahagoniähnliche Baum stirbt, da wächst nichts nach. Und wenn die Rodungsflächen keine Feuchtigkeit mehr abgeben, dann ändert sich das Klima auf der gesamten Welt und der Kohlenstoffdioxid-Gehalt der Atmosphäre nimmt zu.

Material 3

Die Banane

Bananen gehören zu den bekanntesten und weit gereisten Früchten des Regenwaldes. Sie wachsen das ganze Jahr über. Sie sind auch das ganze Jahr über in den Supermärkten erhältlich. Manche Leute sagen, wenn alles in Ordnung ist, es sei „alles Banane". Vermutlich, weil sie köstlich schmeckt. Aber die Redewendung ist ungenau. Denn es gibt 100 verschiedene Bananenarten. Korrekterweise müsste man sagen: Alles goldene Banane. Oder: Alles Dessertbanane. Oder: Alles Kochbanane. Hingegen lässt sich die Frage, warum die Banane krumm ist, einfach beantworten. Sie krümmt sich zum Licht der Sonne hin, wenn sie in ihrer Staude am Baum hängt. Allerdings kann man sich fragen, warum nicht auch Äpfel, Birnen und Pflaumen krumm sind, weil die ja auch die Sonne brauchen, um zu reifen.

Material 4

Gründe und Ausmaß der Rodung tropischer Regenwälder

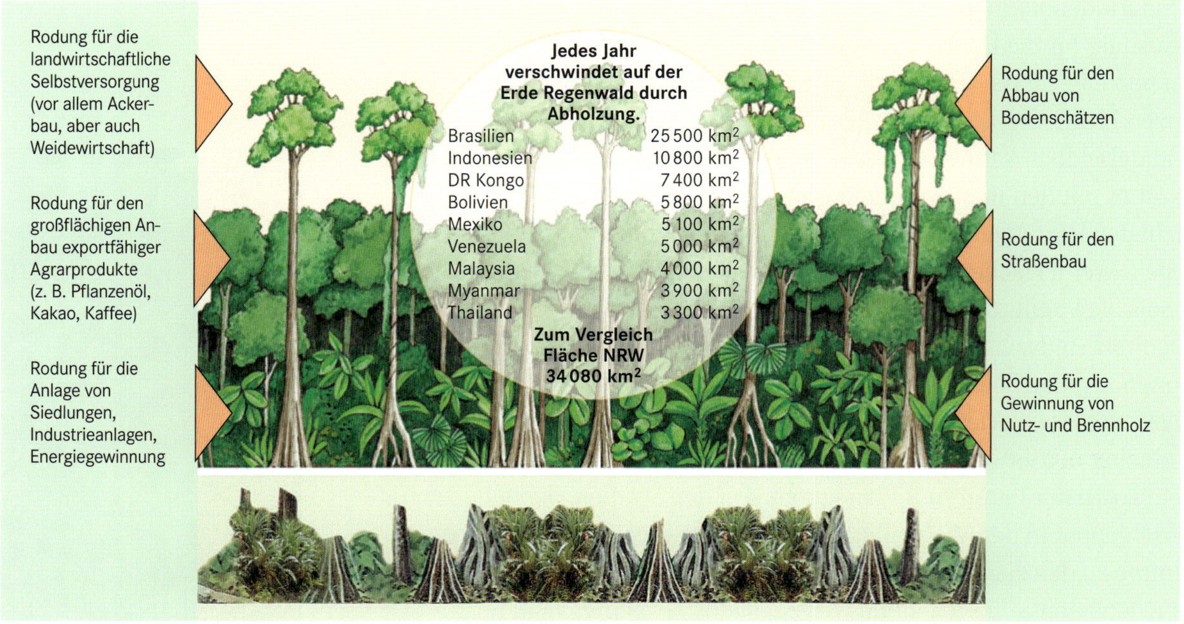

Material 5

Aufbau des Regenwaldes

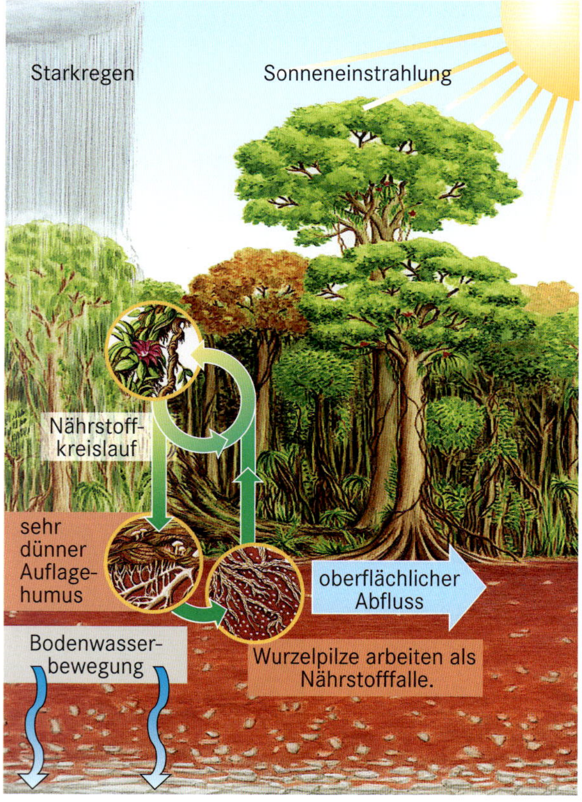

Dein Referat soll die gestellten Fragen kurz und übersichtlich beantworten. Dafür erschließt du zuerst die geeigneten Materialien.

Textknacker
Schritt 2:
Den Text überfliegen

2 **a.** Lies deinen Arbeitsauftrag auf Seite 4 noch einmal.
b. Welche Fragen sollst du in dem Referat beantworten? Schreibe sie auf.
c. Welche Materialien beantworten diese Fragen? Überfliege die Materialien. Schreibe die Überschriften der passenden Texte und Grafiken auf.

Frage 1: ______________________

Text: ______________________

Grafik: ______________________

Frage 2: ______________________

Text: ______________________

Grafik: ______________________

3 Welches Material benötigst du für das Referat nicht? Notiere die Überschrift.

____

Grafiken helfen dir, eine erste Vorstellung vom Thema zu bekommen.

4 Welche zwei Fragen beantwortet das Material 4?
Schreibe zwei passende Fragen auf. Beachte dabei den Titel der Grafik.

A *Was sind die Gründe* ______________________

B ______________________

5 Wo im Material 4 werden die Fragen A und B aus Aufgabe 4 beantwortet?
Beschreibe in Stichworten, wo sich die Informationen in der Grafik befinden.

A ______________________

B ______________________

6 Was zeigen die beiden Bildelemente des Materials 4? Schreibe einen Satz auf.

____

7 **a.** Welche zwei Vorgänge stellt das Material 5 dar? Achte auf die Pfeile.
Beschreibe deine Vermutungen in eigenen Worten.
b. Wer oder was ist an beiden Vorgängen vermutlich noch beteiligt?
Schreibe auf.
Tipp: Sieh dir auch Teile der Abbildung an, die nicht beschriftet sind.

Vorgang 1: *Zeigt, wie Wasser* ______________________

Vorgang 2: ______________________

An beiden Vorgängen beteiligt: ______________________

8 Welche Fragen zum Thema kannst du mit den Grafiken nicht beantworten?
Auf welche weiteren Fragen erwartest du Antworten in den Texten?
Schreibe Fragen in dein Heft.

Sachtexte mit Fragen erschließen

Du untersuchst den ausgewählten Text und notierst wichtige Stichworte.

Textknacker
Schritt 3:
Beim genauen Lesen

1 **a.** Lies das Material 1 mithilfe des Textknackers.
b. Wie ist der Regenwald aufgebaut?
Markiere Schlüsselwörter, die diese Frage beantworten.

2 **a.** Beantworte die Fragen A und B in Stichworten.
Achtung: Nenne zu Frage A den passenden Fachbegriff aus dem Text.
b. Ergänze zwei weitere ähnliche Fragen mit den Wörtern vom Rand.
c. Beantworte deine Fragen C und D ebenfalls in Stichworten.

Erdgeschoss, Mittelgeschoss

A Welche Pflanzen überragen das **Dachgeschoss** des Regenwaldes?

____

B Welche Pflanzen und Tiere leben im **Dachgeschoss** des Regenwaldes?

____

C ____________________

____

D ____________________

____

3 Veranschauliche den Aufbau des Regenwaldes anhand von Material 5.
Trage dazu vier Fachbegriffe richtig neben die Grafik auf Seite 6 ein.

4 Auf welche der folgenden Fragen enthält Material 1 Antworten? Kreuze an.
- ☐ Welche Tiere weiden auf Rodungsweiden im Regenwald?
- ☐ Wie groß ist der Anteil der Tier- und Pflanzenarten im Obergeschoss?
- ☐ Gibt es im Regenwald bestimmte Jahreszeiten (Blütezeit, Obsternte)?
- ☐ Was passiert mit dem Boden in den abgeholzten Regionen bei Regen?
- ☐ Welche Wirkung hat die Verdunstung im Regenwald auf das Klima?
- ☐ Warum ist die Banane krumm?
- ☐ Wie groß ist der Anteil an Medikamenten, die aus tropischen Pflanzen hergestellt werden?

5 Schreibe weitere eigene Fragen an den Text auf.
Du kannst die Wörter und Wortgruppen vom Rand verwenden.

Wie hoch ..., Humus, Insekten, Baumarten

____

____

____

____

6 Beantworte die Fragen aus den Aufgaben 4 und 5 in Stichworten.
Schreibe dazu die Fragen und die Antworten in dein Heft.

Starthilfe

Wie groß ist der Anteil der Tier- und Pflanzenarten, die im Obergeschoss leben?
– etwa zwei Drittel, Tier- und Pflanzenarten, Obergeschoss
...

Wodurch ist der Regenwald gefährdet? Du untersuchst weitere Materialien.

7 **a.** Lies das Material 2 mithilfe des Textknackers.
b. Markiere Schlüsselwörter, die die Frage aus dem Arbeitsauftrag beantworten.

8 **a.** Ergänze die Fragen A bis D mit passenden Wörtern aus dem Text.
b. Beantworte die Fragen in Stichworten mit Informationen aus dem Text.

A Wie groß und wie alt ist das sich selbst regulierende ________ Regenwald?

____

B Was liefert uns der Regenwald in scheinbar ________________ Menge?

____

C Wie groß ist ______________________________ pro Sekunde?

____

D Wie groß ist ______________________________ pro Jahr?

____

9 Welche Fragen aus Aufgabe 4 auf Seite 8 werden in Material 2 beantwortet? Markiere diese Fragen.

10 Schreibe weitere eigene Fragen zur Untersuchung dieses Textes auf. Du kannst die Wörter und Wortgruppen vom Rand verwenden.

____

____

____

____

Ureinwohner, Abbau von Eisenerz, Plantagen, tropische Hölzer

11 Beantworte die Fragen aus den Aufgaben 9 und 10 in Stichworten. Schreibe dazu die Fragen und die Antworten in dein Heft.

Starthilfe

Welche Tiere weiden auf Rodungsweiden im Regenwald?
– Hunderttausende Rinder, Rinderbestand in letzten Jahren verdoppelt …

Z Du verbindest Informationen aus den Texten und den Grafiken miteinander.

12 Welche Informationen zur Zerstörung des Regenwaldes enthält die Grafik in Material 4? Beantworte deine Fragen A und B aus Aufgabe 4 von Seite 7 mit Aufzählungen.

A ____

____

B ____

____

Informationen gliedern

Für eine Gliederung sind Überschriften wichtig: Überschriften sollen kurz, aber informativ sein. Sie enthalten deshalb oft Nominalisierungen.

Textknacker
Schritt 4:
Nach dem Lesen

1 In welche zwei Teile kannst du dein Referat über den Regenwald unterteilen? Schreibe für jeden Teil eine Überschrift auf.
Tipp: Die Überschriften sollen sich auf die Fragen deines Arbeitsauftrages beziehen.

Teil 1 ______________________________

Teil 2 ______________________________

2 **a.** Formuliere die folgenden Beispielüberschriften kürzer.
- Verwende nominalisierte Verben.
- Prüfe, welche Informationen du weglassen kannst.
- Verwende einen Gedankenstrich anstelle der Wörter **ist** und **sind**.
  Zum Beispiel: Tropenhölzer – eine begehrte Ware (statt: Tropenhölzer sind eine begehrte Ware).

b. Überprüfe deine Überschriften aus Aufgabe 1.
Überarbeite sie, wenn nötig.

A So wird der Regenwald durch Wanderfeldbau von den Menschen genutzt.

Die Nutzung des Regenwaldes durch Wanderfeldbau

B So werden Bananen in den Tropen geerntet und zum Kunden transportiert.

____

C Der Amazonas in Südamerika ist das größte Flusssystem der heutigen Erde.

____

Mit Zwischenüberschriften gliederst du die Teile deines Referats.

3 **a.** Schreibe deine Überschriften für die Teile aus Aufgabe 1 noch einmal auf.
b. Schreibe passende Zwischenüberschriften unter jeden der Teile.
- Du kannst die Wörter und Wortgruppen vom Rand verwenden.
- Am Rand fehlt für jeden Teil mindestens ein wichtiges Stichwort.

Ergänze für jeden Teil mindestens eine weitere Zwischenüberschrift.

c. Welche Zwischenüberschrift fasst das Thema des jeweiligen Teils gut zusammen? Markiere diese beiden Zwischenüberschriften.

Holzeinschlag,
das Dachgeschoss,
Plünderung der Schatzkammer,
der Stockwerkbau,
das Erdgeschoss,
Rohstoffgewinnung,
Plantagen,
Pharma und Kosmetik

Teil 1 ______________________________
- ______________ – ______________
- ______________ – ______________
- ______________ – ______________

Teil 2 ______________________________
- ______________________________
- ______________ – ______________
- ______________ – ______________
- ______________________________

Zu den Zwischenüberschriften notierst du Informationen in Stichworten.

4 Erkläre in Stichworten mithilfe der Fragen, worum es in **Teil 1** geht.

mehr zu Stichworten ➤ **S. 14–15**

- Womit kann man den Aufbau des Regenwaldes vergleichen?
- Welche Stockwerke des Regenwaldes unterscheidet der Text?
- Welche Umweltfaktoren sind in den Stockwerken unterschiedlich?
- Gibt es Unterschiede in der Pflanzen- und Tierwelt der Stockwerke?

Der Stockwerkbau des Regenwaldes

- *Regenwald aufgebaut wie Stockwerke*
- ____________________
- ____________________
- ____________________

5 Notiere Informationen über den Stockwerkbau in Stichworten.

Das Dachgeschoss: *viel Licht, zwei Drittel des Regenwassers verbraucht/ verdunstet, zwei Drittel der Tier- und Pflanzenarten, Vorteile: Klettern und Fliegen*

Das Mittelgeschoss: ____________________

____

Das Erdgeschoss: ____________________

____

6 Erkläre in Stichworten mithilfe der Fragen, worum es in **Teil 2** geht.

- Was bietet der Regenwald dem Menschen?
  (Womit kann man ihn vergleichen?)
- Wodurch ist der Regenwald in Gefahr?
- Welche verschiedenen Gründe gibt es für die Zerstörung des Regenwaldes?
- Wächst der vernichtete Regenwald irgendwann nach?

Gefährdung des Regenwaldes – Gründe und Folgen

- *Regenwald wie Schatzkammer für*
- ____________________
- ____________________
- ____________________

7 Notiere weitere Informationen über die Gefährdung in Stichworten.

Gründe: *Hölzer, Rohstoffe*

____

Gefahren: ____________________

____

Folgen: ____________________

Die Gliederung schreiben

Zu einem Referat gehören Einleitung, Schluss und eine Überschrift. Du ergänzt Stichworte für Einleitung und Schluss und denkst dir eine Überschrift aus.

1 **a.** Welche Fragen aus dem Arbeitsauftrag solltest du in deiner Einleitung beachten? Schreibe mindestens zwei Fragen auf.
b. Beschreibe den Aufbau deines Referats in Stichworten.
c. Welche Materialien hast du verwendet? Nenne die Materialien.

Fragen: ______________________________

____

Stichworte zum Aufbau: ______________________________

____

____

____

Verwendete Materialien: *Material 1, Text: Der tropische Regenwald...;*

____

____

2 Welche Überschrift gibst du deinem Referat? Schreibe eine Überschrift auf.

mehr zu Überschriften ➤ **S. 10**

____

3 Äußere zum Schluss deine eigene Meinung zum Thema des Referats. Notiere Stichworte für einen Schluss.

____

____

____

Du schreibst die Gliederung und überprüfst sie mithilfe der Checkliste.

4 Schreibe die vollständige Gliederung für dein Referat auf ein Blatt oder in dein Heft. Du kannst dabei die Struktur vom Rand verwenden.
Tipp: Du kannst die Gliederung auch mit dem Computer schreiben.

Überschrift des Referats
– *Einleitung*
1. Überschrift von Teil 1
– *Worum geht es in Teil 1?*
1.1 Zwischenüberschrift
– *Stichworte zu 1.1*
1.2 Zwischenüberschrift
...
2. Überschrift von Teil 2
...
3. Schluss

5 Überprüfe deine fertige Gliederung mithilfe der Checkliste.

Checkliste: Eine Gliederung schreiben	ja	nein
Habe ich mich über das **Thema** genau informiert?	☐	☐
Habe ich meinen **Arbeitsauftrag** genau beachtet?	☐	☐
Habe ich eine passende **Überschrift** gefunden?	☐	☐
Habe ich das Thema **in Teile gegliedert**?	☐	☐
Habe ich die Teile mit **Zwischenüberschriften** gegliedert?	☐	☐
Habe ich zu jeder Zwischenüberschrift **Stichworte** notiert?	☐	☐
Enthalten meine Stichworte **alle wichtigen Informationen**?	☐	☐
Habe ich **zum Schluss** meine **Meinung** zum Thema geäußert?	☐	☐

Eine Gliederung überarbeiten

Du überarbeitest eine Gliederung mithilfe der Checkliste von Seite 12.

1
a. Welcher Teil fehlt in der Gliederung ganz?
Zeichne einen Pfeil ein und bezeichne den fehlenden Teil am Rand.
b. Welcher Teil ist für das Thema überflüssig? Streiche ihn durch.
c. Vier Überschriften sind zu lang und nicht gut formuliert. Markiere sie.
Schreibe die Überschriften am Rand neu auf.
d. An welcher Stelle fehlt eine wichtige Überschrift?
Zeichne einen Pfeil ein und schreibe eine Überschrift an den Rand.
e. Ein Teil ist nicht in Stichworten notiert. Markiere ihn.

mehr zu Überschriften ➤ S. 10

mehr zu Stichworten ➤ S. 14–15

Die Gefahr im Regenwald und der Aufbau des Regenwaldes

Teil 1: Wir erfahren genau, wie der Regenwald in Stockwerken aufgebaut ist.
Worum geht es in Teil 1 des Referats?
- Regenwald, Stockwerke: Dachgeschoss, Mittelgeschoss, Erdgeschoss
- Welche Tiere und Pflanzen? Wie viel Licht? Wie viel Regen?

Das Dachgeschoss
- Kronen der Bäume (40–50 Meter), geschlossene Decke
- einzelne Überständer (Urwaldriesen bis 80 Meter)
- zwei Drittel aller Tiere und Pflanzen

Das Mittelgeschoss
- junge Bäume, Sträucher
- dämmriges Licht

Das Erdgeschoss
- Bodennähe, kaum nährstoffreicher Humus, düster (nur 2 % des Sonnenlichts)
- Pilze, Farne, Moose, Wurzeln der Bäume
- Millionenheere von Treiberameisen

Teil 2:
Worum geht es in Teil 2 des Referats?
- Gefährdung des Regenwaldes, Gründe und Folgen

Wir erfahren mehr über die Gründe für die Zerstörung des Regenwaldes.
- Regenwald gerodet, Holz und Rohstoffe gewinnen
- Weiden für Rinderherden, Plantagen
- aus Tieren und Pflanzen: Medikamente, Kosmetika

Da wächst nichts mehr – die Folgen der Zerstörung des Regenwaldes
- fruchtbarer Boden (Humus) schwimmt weg (Regen/Erosion)
- Wald wächst nicht nach (400–900 Jahre braucht ein Baum)
- Bodenerwärmung stärker, Klimaänderung weltweit

Teil 3: Warum ist die Banane krumm?
- wächst zum Licht, 100 verschiedene Bananensorten

Schluss: Ich finde es schlecht, dass der Regenwald zerstört wird, obwohl er so gut aufgebaut ist. Millionen von Jahren war es ein riesiges Paradies (15 Millionen Quadratkilometer) und in kurzer Zeit ist es durch den Menschen um die Hälfte geschrumpft (jedes Jahr mehr als 100 000 Quadratkilometer weniger).

2 Schreibe die überarbeitete Gliederung in dein Heft.
- Ergänze den fehlenden Teil und die fehlende Überschrift.
- Verwende deine kürzeren Überschriften.
- Achte darauf, dass alle Teile in Stichworten geschrieben sind.

Stichworte notieren

Mithilfe der Arbeitstechnik übst du, Inhalte in Stichworten zu notieren.

1 Lies die Arbeitstechnik „Stichworte notieren“.

Arbeitstechnik

Stichworte notieren
- Verwende **Spiegelstriche** (–), um Stichworte zu gliedern.
- Lass **Artikel** weg.
- Lass **Adjektiv-Endungen** weg (z. B.: „groß“ statt „großen“).
- Ersetze lange Wörter durch **kürzere Wörter** (z. B.: „groß“ statt „herausragend“).
- Notiere **Verben** möglichst **kurz** (z. B.: „hergestellt“ statt „wurden hergestellt“).
- Schreibe Zahlen als **Ziffern** (z. B.: „12“ statt „zwölf“).
- Verwende **Abkürzungen** und **Symbole** (z. B. „&“ oder „+“ statt „und“).
- **Kürze** lange **Nomen**. Achte aber darauf, dass die Bedeutung eindeutig bleibt (z. B.: „Super“ statt „Super-Benzin“).
- Verwende **Abkürzungen** (z. B. „vgl.“ statt „vergleiche“).

Symbole und Abkürzungen sparen bei Stichworten Platz und Zeit.

2 **a.** Ordne die Abkürzungen und Symbole vom Rand ihren Bedeutungen zu.
b. Ergänze eine eigene Abkürzung oder ein Symbol auf der letzten Linie.

wg.	wegen	________	zum Teil/teilweise
________	Prozent	________	das bedeutet/das ist
________	oder Ähnliches	________	daraus folgt/das hat zur Folge
________	ohne	________	zum Beispiel
________	oder	________	________

z. B.
→
o. Ä.
z. T.
%
/
=
-
wg.

3 **a.** Lies die folgenden Notizen für ein Referat.
b. Kürze die Notizen mithilfe der Arbeitstechnik zu Stichworten.
- Streiche zuerst alle verzichtbaren Wörter.
- Notiere am Rand neue Stichworte mit Bleistift.
Verwende dabei zum Beispiel Abkürzungen und Symbole.

Die Einführung des Biosprits in Deutschland

- ~~Der~~ Biosprit ~~heißt~~ E 10. ________
- E 10 hat zehn Prozent Bio-Ethanol-Anteil, der zum Beispiel aus Weizen, Rüben, Mais gewonnen wird. ________
- Normales Super-Benzin hat nur fünf Prozent Bio-Ethanol-Anteil. ________
- E 10 wurde im Februar 2011 nach wochenlangen Verzögerungen eingeführt. ________
- Die Autofahrer sind teilweise verunsichert, ob ihr Auto E 10 verträgt oder beschädigt werden könnte. ________
- Zehn Prozent der Autos könnten durch E 10 beschädigt werden. ________
- Im Internet gibt es eine Liste der Autos, die kein E 10 vertragen.

Stichworte sollen zwar so kurz wie möglich sein, aber derjenige, der sie notiert, sollte später noch verstehen, was er damit gemeint hat.

4 Was könnte mit den Notizen gemeint sein? Schreibe deine Vermutungen auf, warum die Stichworte kaum zu verstehen sind.

Trick mit Super Plus:
- *Schutzsorte E5 ist Pflicht.*
- *Super 95 Oktan*
- *Super Plus 98 Oktan*
- *5-8 Cent teurer*

5 **a.** Lies den Text zu den vorhergehenden Notizen mithilfe des Textknackers.
b. Wie funktionierte der „Trick“? Markiere Schlüsselwörter.

➤ Die Arbeitstechnik „Der Textknacker“ findest du in der vorderen Klappe.

Der Trick mit dem Super Plus[1]

Um die Autos betanken zu können, die kein E 10 vertragen, hat Umweltminister Norbert Röttgen (CDU) den Ölkonzernen eine weitere Pflicht ins Gesetz geschrieben: Sie müssen eine sogenannte Schutzsorte mit maximal fünf Prozent Ethanol (E 5) an jeder Tankstelle anbieten. Und hier tut sich ein großes Missverständnis auf. Offensichtlich sind Politik und Verbraucherverbände davon ausgegangen, dass die Tankstellen E 5 und E 10 zum gleichen Preis anbieten. Doch daraus wird nichts. „Das herkömmliche Super E 5 mit 95 Oktan (Super) wird nicht mehr angeboten“, sagt Shell-Experte Jörg Adolf. Sowohl die Raffinerien als auch die Tanklager und die Tankstellen hätten schlicht nicht den Platz und die Kapazität, um eine solch kleine Sorte weiter zu produzieren und zu lagern. Somit hätten die Tankstellen keine andere Wahl, als ihr höherwertiges Benzin mit 98 Oktan (Super Plus), das statt E5 getankt werden kann, aber deutlich teurer ist und das neue E 10 anzubieten. „Das entspricht in vollem Umfang den gesetzlichen Regelungen“, heißt es beim MWV. Nun müssen rund drei Millionen Autofahrer 98-Oktan-Benzin tanken und für den Liter je nach Anbieter fünf bis acht Cent mehr bezahlen. Der ADAC ist empört. „Diese Preisgestaltung ist ein Schlag ins Gesicht derjenigen Autofahrer, die nach wie vor E 5-Benzin tanken müssen“, sagt ADAC-Präsident Peter Meyer.

6 Worin besteht „der Trick mit dem Super Plus“? Notiere Stichworte.

Deine Stichworte:

Z **7** Erkläre einem Partner oder einer Partnerin den Trick mithilfe der Stichworte.

1 Der Text ist vom 20. 02. 2011. Nach den Protesten wurde aber wieder ein Super 95 angeboten.

Einen Arbeitsauftrag verstehen

**Jeden Arbeitsauftrag musst du zunächst genau lesen und verstehen.
Dieser Arbeitsauftrag gehört zu einem Text über Jugendarbeitslosigkeit.**

Dein Arbeitsauftrag (1)

Analysiere den Text „Schüler reif für die Ausbildung?“ und schreibe eine Argumentation zu der folgenden Behauptung:
„Das Problem bei der Jugendarbeitslosigkeit sind die Jugendlichen selbst.“
Berücksichtige dabei folgende Arbeitsschritte:
- Fasse den Text kurz zusammen.
- Stelle dar, welche unterschiedlichen Meinungen in dem Text zu Wort kommen.
- Erkläre kurz, was mit der Behauptung oben gemeint ist.
- Formuliere deine eigene Meinung dazu und begründe sie mit drei Argumenten. Du kannst auch Argumente aus dem Text verwenden.
- Entkräfte wenigstens ein Gegenargument.

Die Aufforderungsverben (Operatoren) geben an, was von dir erwartet wird.

1 **a.** Lies den Arbeitsauftrag genau.
Markiere dabei alle Aufforderungsverben.
b. Ergänze in den Sätzen die passenden Verben.

A Ich soll einen Text ____________________. Außerdem soll ich zu einer Behauptung ______________________________.

B Ich soll dabei mehrere Arbeitschritte ________________.

C Ich soll unterschiedliche Meinungen aus dem Text ________________ und den Text ______________________________.

D Ich soll ________________, was mit der Behauptung gemeint ist.

E Um Stellung zu nehmen, soll ich meine Meinung ________________ und mit Argumenten ________________.

F Ich darf Argumente aus dem Text ________________ und muss mindestens ein Gegenargument ________________.

2 **a.** Welche Hilfsmittel kannst du nutzen, um den Arbeitsauftrag zu bearbeiten?
Ergänze in den Sätzen passende Hilfsmittel vom Rand.
b. Wo in diesem Heft findest du diese Hilfsmittel?
Gib in den Klammern die Seiten an.
Tipp: Beachte auch die Klappen und den Umschlag des Heftes.

Um den Text zu analysieren, kann ich ______________________________
(______________________________) nutzen.

Bei der Stellungnahme hilft mir ______________________________
________________ (*hintere Umschlagklappe*).

**die Schreibkonferenz,
der Textknacker,
die Handlungsbausteine,
im Internet recherchieren,
das Flussdiagramm,
die Arbeitstechnik „eine Argumentation schreiben“,
die Arbeitstechnik „Inhaltsangabe“**

Zu dem gleichen Text kann ein anderer Arbeitsauftrag gestellt werden.

Dein Arbeitsauftrag (2)

Analysiere den Text „Schüler reif für die Ausbildung?“ und widerlege die folgende Behauptung:
„Das Problem bei der Jugendarbeitslosigkeit sind die Jugendlichen selbst.“
Berücksichtige dabei folgende Arbeitsschritte:
- Fasse den Text kurz zusammen.
- Stelle dar, welche unterschiedlichen Meinungen im Text zu Wort kommen.
- Erkläre kurz, was die Behauptung oben aussagt.
- Führe drei Argumente aus dem Text an, die die Behauptung unterstützen.
- Entkräfte die Behauptung oben durch drei Gegenargumente. Du kannst Argumente aus dem Text verwenden.
- Veranschauliche die Gegenargumente mit Beispielen.

3 **a.** Markiere in dem Arbeitsauftrag alle Aufforderungsverben.
b. Was bedeutet das Aufforderungsverb „widerlegen“? Kreuze an.
☐ begründet darstellen, dass eine Behauptung nicht stimmt
☐ durch Argumente zeigen, dass eine Behauptung richtig ist
c. Ergänze in den Sätzen die passenden Verben.

A Ich soll den Text ____________ und eine Behauptung ____________.

B Ich soll unterschiedliche Meinungen zum Thema ____________.

C Ich soll drei Pro-Argumente aus dem Text ____________.

D Durch Gegenargumente soll ich die Behauptung ____________.

E Die Gegenargumente soll ich durch Beispiele ____________.

Wenn du die Arbeitsaufträge auf diesen beiden Seiten vergleichst, stellst du Unterschiede fest.

4 Welche Teilaufgaben gibt es nur in einem der Arbeitsaufträge, welche in beiden? Kreuze an.

Ich soll ...	**Arbeitsauftrag 1**	**Arbeitsauftrag 2**
A ... den Text analysieren.	☐	☐
B ... zu einer Behauptung eine Argumentation schreiben.	☐	☐
C ... eine Behauptung widerlegen.	☐	☐
D ... den Text zusammenfassen.	☐	☐
E ... unterschiedliche Meinungen aus dem Text darstellen.	☐	☐
F ... die Behauptung erklären.	☐	☐
G ... die eigene Meinung formulieren und begründen.	☐	☐
H ... Argumente und Gegenargumente anführen.	☐	☐
I ... Argumente durch Beispiele veranschaulichen.	☐	☐

Z **5** Welchen der beiden Arbeitsaufträge findest du schwieriger? Schreibe deine Meinung mit Begründung in dein Heft.

Sachtexte erschließen und zusammenfassen

Einen Zeitungsartikel lesen und verstehen

Du liest einen Zeitungsartikel zum Thema „Plastikmüll im Meer“ mithilfe des Textknackers und schreibst eine Zusammenfassung.

➤ Die Arbeitstechnik „Der Textknacker“ findest du in der vorderen Klappe.

Zuerst überlegst du, was du schon über das Thema weißt.

vor dem Lesen

1 Was weißt du über Plastikmüll im Meer? Notiere Stichworte.

____

____

____

2 Lies die Überschrift des Zeitungsartikels und schaue dir die Abbildungen an. Schreibe Stichworte auf, worum es darin gehen könnte.

____

____

3 **a.** Überfliege den Zeitungsartikel und das Schaubild. Achte dabei auf Wörter und Wortgruppen zum Thema „Plastikmüll“.
b. Notiere wichtige Wörter und Wortgruppen aus dem Gedächtnis.

die Materialien überfliegen

____

____

____

Material 1

dpa (Deutsche Presse-Agentur) HAZ, 26.07.2010

Katamaran aus Plastikflaschen erreicht Sydney

Auf einem Boot aus Plastikflaschen haben Umweltschützer um den Bankiersspross David de Rothschild den Pazifik überquert. Ihre Botschaft: Kreativeres Recycling ist möglich und nötig.

Ein Katamaran aus 12 500 Plastikflaschen hat nach erfolgreicher Pazifiküberquerung am Montag in der australischen Metropole[1] Sydney angelegt. Öko-Aktivist[2] David de Rothschild steuerte die „Plastiki“ nach 128 Tagen auf See am weltbekannten Opernhaus vorbei zum Anleger. Der Spross der berühmten Bankiersfamilie wollte mit der Reise auf die verheerenden Folgen des Plastikmülls aufmerksam machen und wirbt für dessen Wiederverwertung.

1 die Metropole: die Weltstadt, die Großstadt
2 der Öko-Aktivist: jemand, der sich für die Umwelt einsetzt

„Jedes Stück Plastik, das seit der Erfindung 1909 produziert wurde, existiert noch, teils in kleinen Partikeln im Ozean", sagte Rothschild (31), einer der Erben der Bankendynastie, der Nachrichtenagentur dpa. „Das ist ein unnützes Problem, das wir ganz einfach loswerden können. Den Plastikbecher, die Plastiktüte, die Styrol-Kaffeebecher und -Deckel – wir könnten alles sofort verbieten."

Die Route führte den Katamaran auch zum „Great Pacific Garbage Patch", einer schwimmende Plastikmüllhalde im Pazifik, die Wissenschaftler schon vor Jahren entdeckt hatten. „Wir sind mehr als 1000 Seemeilen von der Küste entfernt unter das Boot getaucht und haben die kleinen Sprenkel im Wasser gesehen", sagte Rothschild.
Das seien keine Mikroorganismen, sondern Plastikfragmente (Plastikteile) gewesen, die frühestens nach 450 Jahren vollständig zersetzt würden. Der Müllberg im Pazifik ist nach Schätzungen von Umweltschutzorganisationen wie Greenpeace mittlerweile doppelt so groß wie der US-Bundesstaat Texas. Im Atlantik gibt es ein ähnliches Müllfeld mit bis zu 200 000 teils winzigen Plastikstücken pro Quadratkilometer.

Rothschild war Ende März mit seiner fünfköpfigen Crew in Sausalito bei San Francisco in See gestochen. Die Botschaft der ungewöhnlichen Flaschenpost an die Wegwerfgesellschaft: Abfall wiederverwerten und die Verschmutzung der Meere stoppen. Die „Plastiki" – der Name soll an das Holzboot „Kon-Tiki" des norwegischen Pazifik-Überquerers Thor Heyderdahl 1947 erinnern – erzeugte ihre Energie mit Windturbinen und Solarzellen. Zwei Enkel Heyerdahls waren an Bord.

Die Crew benutzte eine kompostierende Toilette, sammelte Regenwasser und hatte am Mast einen Kräutergarten hängen. Die zwei Masten selbst waren aus Bewässerungsrohren aus Aluminium gebaut; der Klebstoff, der den Katamaran zusammenhält, wurde aus Cashewnüssen und Zucker gemixt. Das Boot wird in Sydney auseinandergenommen, das Material recycelt.

Rothschild hofft, dass seine Reise den Weg für eine Vielzahl von Recyclingprodukten weist. „Da gibt es keine Grenzen. Wir haben schon ein Plastik-Skateboard gebastelt, man kann Häuser und Zelte daraus bauen, besonders in der Dritten Welt, wo enorme Mengen Plastikmüll anfallen", sagte der Umwelt-Abenteurer vor dem „Plastiki"-Start bei San Francisco.

Material 2

Wie lange dauert es, bis der Müll im Meer abgebaut ist?

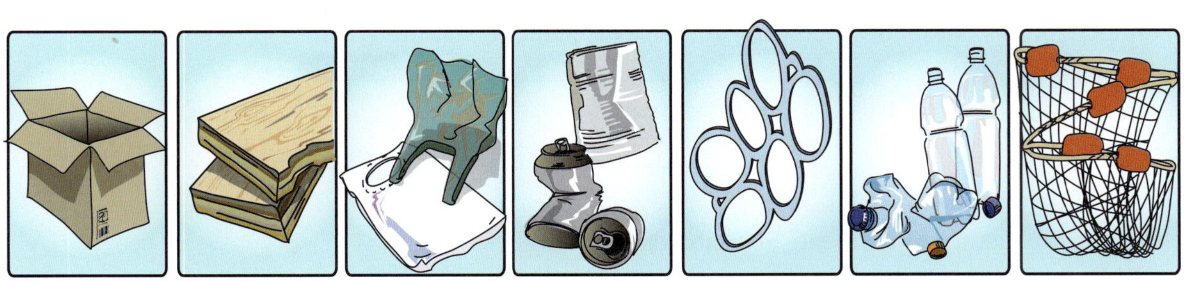

Dein Arbeitsauftrag

Schreibe eine Zusammenfassung des Zeitungsartikels „Katamaran aus Plastikflaschen erreicht Sydney“.
- Bearbeite dazu die Aufgabenstellungen zum Verständnis des Textes. Berücksichtige die Fotos und beziehe auch die Informationen aus dem Schaubild ein.
- Markiere die Schlüsselwörter.
- Finde Überschriften für die Absätze.
- Fasse den Text in eigenen Worten zusammen. Verwende das Präsens und indirekte Rede.

4 **a.** Lies deinen Arbeitsauftrag genau.
b. Was sollst du tun? Schreibe das Ziel des Arbeitsauftrages auf.

Ich soll den Zeitungsartikel ___________________________

____

____

c. Wie gehst du vor, um dieses Ziel zu erreichen?
Beschreibe dein Vorgehen. Nutze dabei die Wörter vom Rand.

> zuerst,
> danach,
> anschließend

____

____

____

____

____

Beim genauen Lesen notierst du dir wichtige Informationen in deinem Heft.

beim genauen Lesen

5 **a.** Lies den Zeitungsartikel genau.
b. Schreibe für jeden Absatz eine passende Zwischenüberschrift auf.

> **Starthilfe**
> 1. Absatz: Der Katamaran „Plastiki“
> ...

6 Worum geht es?
a. Markiere die Schlüsselwörter im Text.
b. Schreibe jeweils passende Stichworte zu den Zwischenüberschriften auf.

> **Starthilfe**
> 1. Absatz: Der Katamaran „Plastiki“
> – aus 12 500 Plastikflaschen, ...

7 Welche Fragen hast du an den Text? Schreibe zwei Fragen auf.
Tipp: W-Fragen helfen dir, wichtige Informationen zu finden.

8 **a.** Welche Wörter in dem Zeitungsartikel verstehst du nicht? Markiere sie.
b. Erkläre die Wörter und schreibe sie mit ihren Bedeutungen auf.
Tipp: Der Textzusammenhang und die Fotos helfen dir.
Nutze auch ein Lexikon oder eine Suchmaschine.

Das Textverständnis überprüfen

Mithilfe der Aufgaben überprüfst du, ob du den Artikel verstanden hast.

1 Kreuze alle richtigen Aussagen an.

- ☐ Der Text handelt von einem Schiff, das Plastikflaschen im Ozean entsorgt.
- ☐ Ein Bankierssohn macht mit einer Schiffsreise auf die Verschmutzung der Meere durch Plastikmüll aufmerksam.
- ☐ Die Schiffscrew will mit der Reise darauf hinweisen, dass Abfälle wiederverwertet werden können.
- ☐ Der Text belegt, dass Plastikmüll nicht das größte Abfallproblem der Meere darstellt.
- ☐ Auf dem Katamaran wurden viele Recyclingideen verwirklicht.

2 Ergänze in der Zusammenfassung Informationen aus dem Zeitungsartikel.

______ Umweltschützer mit dem Kapitän ____________________ überqueren

in einem Katamaran aus 12 500 ________________________________

den ____________________. Sie starten in ____________________ und

kommen nach ____________ Tagen in ____________________ an.

3 Wie werden die Aussagen richtig fortgesetzt? Kreuze an.

A Der „Great Pacific Garbage Patch" ist ...

- ☐ ... eine schwimmende Plastikmüllhalde im Pazifik.
- ☐ ... eine schwimmende Recyclingstation im Pazifik.
- ☐ ... eine schwimmende Plastikinsel im Pazifik.

B Der Müllberg im Pazifik ist ...

- ☐ ... halb so groß wie der amerikanische Bundesstaat Texas.
- ☐ ... genauso groß wie der amerikanische Bundesstaat Texas.
- ☐ ... doppelt so groß wie der amerikanische Bundesstaat Texas.

C Plastikteilchen werden frühestens nach ...

- ☐ ... 450 Tagen zersetzt.
- ☐ ... 450 Monaten zersetzt.
- ☐ ... 450 Jahren zersetzt.

4 Erkläre die Begriffe mit eigenen Worten im ganzen Satz.

A schwimmende Plastikmüllhalde (Z. 25–26)

____

____

B Recyclingprodukte (Z. 59)

____

____

5 Beantworte die Fragen zum Textverständnis in ganzen Sätzen.

A Warum überquerten die Umweltschützer den Pazifik?

B Seit wann wird Plastik produziert?

C Was schlägt der Umweltaktivist Rothschild vor?

D Warum wurde das Boot „Plastiki“ genannt?

E Welche Recyclingideen wurden auf dem Katamaran eingesetzt?

F Welche Produkte nennt Rothschild als Beispiel für recyceltes Plastik?

Beziehe das Schaubild auf Seite 19 in das Textverständnis ein.

6 Was stellt das Schaubild dar? Beantworte die Frage in einem Satz.

7 Wie lauten die Aussagen richtig? Streiche jeweils das falsche Wort durch.

A **Fischernetze/Sperrholzplatten** stellen das größte Problem unter den Müllsorten dar.

B **Pappkartons/Aluminiumdosen** sind leichter abbaubar als Sixpack-Ringe.

C Es dauert bis zu **250 Jahre/450 Jahre**, bevor Plastikabfall im Meer abgebaut ist.

D **Plastiktüten/Aluminiumdosen** werden innerhalb von einem bis 20 Jahren abgebaut.

Z Weiterführendes: Die Wirkung des Zeitungsartikels untersuchen

Du findest heraus, an welche Leserinnen und Leser sich der Zeitungsartikel richtet.

1 Wo ist der Artikel erschienen und an wen richtet er sich? Schreibe die Antwort auf.

____

____

Wertungen durch Adjektive und Metaphern machen einen Text interessant und lebendig. Du untersuchst, wie die Sprache des Zeitungsartikels wirkt.

2 An welchen Stellen gibt es Wertungen des Autors durch die Wortwahl?

a. Markiere wertende Wörter und Wortgruppen im Zeitungsartikel.

b. Schreibe diese Wörter unten auf die Linien.

c. An welchen Wortteilen oder Wörtern wird die Wertung erkennbar? Markiere sie.

d. Wie kannst du die gleichen Dinge ohne Wertung beschreiben? Schreibe neutrale Formulierungen daneben.

der Bankiersspross (Z. 2) – *der Bankierssohn*

verheerende Folgen des Plastikmülls (Z. 13) – ______________

______________ – ______________

______________ – ______________

______________ – ______________

______________ – ______________

______________ – ______________

3 Was bewirken die Besonderheiten der Sprache bei den Lesern? Beschreibe die Wirkung in einem Satz.

____

____

W Wähle aus den beiden Aufgaben eine aus, die du bearbeitest.

4 Beschreibe die „Plastiki" mit den Informationen aus dem Zeitungsartikel in deinem Heft.

> **Starthilfe**
> Der Katamaran mit dem Namen „Plastiki" besteht aus ...

5 Welche Ideen für recyceltes Plastik hast du? Schreibe sie auf.

____

____

____

____

Die Zusammenfassung schreiben

Arbeitstechnik

Einen Text zusammenfassen

In einer Zusammenfassung gibst du die wichtigsten Inhalte eines Textes wieder.

- Nenne in der Einleitung den **Titel**, den **Autor**, das **Thema** und die **Textsorte** und, wenn möglich, die **Fundstelle**.
- Gib im Hauptteil nur **die wichtigsten Informationen** in wenigen Sätzen mit deinen eigenen Worten wieder.
- Schreibe im **Präsens**. Wenn Geschehnisse **vor** anderen stattgefunden haben, verwendest du das **Perfekt**.
- **Vermeide wörtliche Rede** und ersetze sie durch **indirekte Rede** mit dem Konjunktiv.

1 Ergänze die Einleitung für eine Zusammenfassung des Zeitungsartikels „Katamaran aus Plastikflaschen erreicht Sydney“.

In dem Zeitungsartikel „ ______________________________

______________“ vom ______________ in der ______________

______________________ geht es um ______________

____

____

Die folgenden Aufgaben bearbeitest du in deinem Heft.

2 Formuliere die wörtliche Rede aus dem Zeitungsartikel in indirekte Rede um.

a. Markiere zunächst die wörtliche Rede im Text.

b. Formuliere die Sätze in indirekte Rede um.
Gib in Klammern die Zeilen der wörtlichen Rede aus dem Text an.

Starthilfe

Rothschild sagte, dass jedes Stück Plastik, das seit der Erfindung 1909 produziert wurde, noch in kleinen Partikeln im Ozean existieren würde. (Zeilen 16–18) Er schlägt vor,
…

3 Schreibe in eigenen Worten eine Zusammenfassung des Textes.
Berücksichtige dabei deine Ergebnisse aus den Aufgaben 5 und 6 von Seite 20.
Verwende zusätzlich die Informationen aus dem Schaubild auf Seite 19.

4 Überprüfe deine Zusammenfassung mithilfe der folgenden Checkliste.

Checkliste: Einen Text zusammenfassen	ja	nein
Habe ich in der Einleitung den **Titel**, den **Autor**, das **Thema**, die **Textsorte** und die **Fundstelle** genannt?	☐	☐
Habe ich im Hauptteil nur **die wichtigsten Informationen** in wenigen Sätzen wiedergegeben?	☐	☐
Habe ich im **Präsens** geschrieben?	☐	☐
Habe ich, wenn nötig, das **Perfekt** verwendet?	☐	☐
Habe ich **wörtliche Rede vermieden** oder durch **indirekte Rede** mit dem Konjunktiv ersetzt?	☐	☐

Einen Text überarbeiten

Du überarbeitest eine Zusammenfassung des Zeitungsartikels.

Jn der HAZ vom 26.07.2010 wurde ein Artikel veröffentlicht, der vom Plastikmüll im Meer handelt.
Um zu zeigen, dass kreatives Recycling wichtig und notwendig ist, hatte eine Gruppe von Umweltschützern den Pazifik auf einem coolen Schiff überquert. Einer der Mitfahrer sagte hinterher: „Jedes Stück Plastik, das jemals produziert wurde, existiert noch im Ozean." Der Kapitän war David de Rothschild, der Sohn einer bedeutenden Bankiersfamilie.
Die Umweltschützer fuhren mit dem Katamaran über den Atlantik.
Sie wollten ja auch darauf aufmerksam machen, dass es so nicht weitergeht und dringend etwas getan werden muss. Der Müllberg im Meer war halb so groß wie der Bundesstaat Texas - das ist voll viel.

1 **a.** Lies die Zusammenfassung.
b. Was fehlt in der Einleitung? Formuliere die Einleitung neu.

2 Welche Informationen in der Zusammenfassung stimmen nicht?
Markiere inhaltliche Fehler und korrigiere sie auf den Linien am Rand.

3 Unterstreiche die Zeitformen der Verben in dem Text.
Entscheide, welche Zeitformen geändert werden müssen.

4 Überprüfe den Stil.
a. Welche umgangssprachlichen Formulierungen sind für die Zusammenfassung nicht geeignet? Streiche diese Formulierungen durch.
b. Überarbeite die Formulierungen. Schreibe auf die Linien.

5 In der Zusammenfassung ist ein Merkmal nicht berücksichtigt worden.
a. Was ist nicht beachtet worden?

b. Formuliere die entsprechende Äußerung um.

6 Welche wichtigen Informationen fehlen in der Zusammenfassung?
Schreibe sie in dein Heft.

7 Schreibe die überarbeitete Zusammenfassung vollständig in dein Heft.

Schriftlich argumentieren

Argumente sammeln

Du liest einen Zeitungsartikel und Aussagen zu einem Thema. Anschließend nimmst du in einem Leserbrief Stellung dazu.

➤ Die Arbeitstechnik „Der Textknacker" findest du in der vorderen Klappe.

1 Lies den Zeitungsartikel mithilfe des Textknackers.

28. Januar 2009

Als Chantal plötzlich doppelt existierte

In Mainz trafen sich Experten, Lehrer und Schüler, um über Datenschutz in sozialen Netzwerken zu diskutieren. Besonderes Augenmerk lag auf den Problemen, die Kinder und Jugendliche in SchülerVZ & Co. bekommen können. Aufklärung schon in der Schule, lautet die einhellige Forderung.

Chantal hat von SchülerVZ erst einmal die Nase voll. Gleich zweimal innerhalb weniger Wochen haben Unbekannte ihre Daten benutzt und eine Kopie ihrer virtuellen[1] Identität in dem beliebten Online-Netzwerk erstellt. In ihrem Namen haben die Unbekannten dann unter anderem ein Foto von Adolf Hitler hochgeladen, sodass in der gesamten Netzgemeinde der Eindruck entstehen konnte, sie sympathisiere mit rechtsextremen Einstellungen. „Es hat mir die Tränen in die Augen getrieben", beschrieb die 16-jährige Schülerin auf einem Symposium[2] zum Thema „Datensicherheit in sozialen Netzwerken" in Mainz ihre Stimmung nach dem virtuellen Identitätsdiebstahl. Vier lange Tage habe es gedauert, bis der Betreiber der Plattform das gefälschte Profil aus dem Netz genommen habe. Als die Täter sie dann auch noch bedroht hätten, sei sie zur Polizei gegangen, berichtete Chantal weiter. Die Anzeige sei allerdings ohne Ergebnis eingestellt worden.

Ob mit der Löschung aber auch sämtliche Spuren der gefälschten Identität ein für alle Mal aus der virtuellen Öffentlichkeit verschwunden sind, bezweifelten die meisten Experten der Veranstaltung im ZDF-Sendezentrum. Rund 300 Datenschützer, Medienexperten, Wissenschaftler, Lehrer und Schüler diskutierten am Europäischen Datenschutztag auf Einladung der Daten- und Jugendschutzbeauftragten des ZDF sowie des Landesbeauftragten für den Datenschutz in Rheinland-Pfalz über das „Daten-Outing" von Heranwachsenden in Netz-Communitys. Zu groß, zu unübersichtlich sei das World Wide Web mit all seinen Verästelungen, um einmal veröffentlichte Daten zuverlässig wieder entfernen zu können. [...]

Den freizügigen Umgang mit persönlichen Angaben haben die Betreiber der Kontakt-Plattformen zum Geschäftsprinzip erhoben: Um Mitglied zu werden, sollen die Nutzer neben Namen und Geburtsdatum auch ihr Hobby, ihre politische Orientierung und Religion angeben. Und als reiche das nicht, um sich interessant zu machen, lassen Jugendliche im wahrsten Sinne des Wortes die Hüllen fallen. Dabei verdrängen viele, dass die ganze Welt zugucken kann, was nicht nur in Bewerbungsgesprächen bisweilen zu unliebsamen Überraschungen führen kann. [...]

Vor dem Hintergrund der wachsenden Bedeutung des Internets für die Heranwachsenden müsse das Thema „Datenschutz und Identitätsmanagement" künftig stärker in der Schule berücksichtigt werden, forderten die Teilnehmer der abschließenden Podiumsdiskussion. „Information, Aufklärung und Bewusstseinsbildung sollten mit praxistauglichen Angeboten verbunden werden, um der Generation Internet ein risikoärmeres Kommunikationsverhalten zu vermitteln. Über eines müssten sich aber alle Nutzer von Online-Kontaktbörsen klar sein: Das Internet vergisst nie!"

Bernd Schmid

1 virtuell: nicht echt, vom Computer erzeugt
2 das Symposium: eine wissenschaftliche Tagung

2 Worum geht es in dem Zeitungsartikel? Fasse den Inhalt in einem Satz zusammen.

____

____

____

3 Erkläre diese Begriffe aus dem Textzusammenhang.

eine virtuelle Identität (Z. 11) ______________________________

die Netzgemeinde (Z. 15) ______________________________

das gefälschte Profil (Z. 23) ______________________________

das „Daten-Outing“ (Z. 38) ______________________________

Dein Arbeitsauftrag

Schreibe einen Leserbrief an eine Computer-Zeitschrift, in dem du Stellung zu einer strittigen Frage (Nutzung von sozialen Online-Netzwerken) nimmst und deinen Standpunkt darstellst und begründest.

- Sammle Pro- und Kontra-Argumente in einer Tabelle. Nutze dazu den Zeitungsartikel (S. 26) und die Schüleräußerungen auf S. 28.
- Verdeutliche die Argumente durch Beispiele.
- Entscheide dich für einen Standpunkt und stelle eine These auf.
- Ordne die Argumente nach ihrer Wichtigkeit.
- Gliedere die Argumentation nach dem Sanduhrprinzip.
- Schreibe einen Leserbrief mit drei Pro- und drei Kontra-Argumenten.

4 **a.** Lies deinen Arbeitsauftrag genau.
b. Beantworte die Fragen zu deinem Arbeitsauftrag.

A Zu welchem Thema schreibst du eine Stellungnahme?

____

____

B In welcher Form schreibst du deine Stellungnahme?

____

C An wen richtest du deine Stellungnahme?

____

____

5 Schreibe in Stichworten auf, wie du vorgehst.

- Argumente sammeln,

____

____

____

Du sammelst Pro- und Kontra-Argumente.

6 Welche Argumente zur Nutzung von sozialen Online-Netzwerken findest du in dem Zeitungsartikel?

a. Markiere die Pro- und Kontra-Argumente mit unterschiedlichen Farben.

b. Fasse in einem Satz zusammen, welche Argumente hauptsächlich genannt werden.

____

____

7 **a.** Lies die folgenden Äußerungen von Schülerinnen und Schülern.

b. Markiere Pro- und Kontra-Argumente mit unterschiedlichen Farben.

Mit Online-Communitys habe ich weltweit Kontakte und kann so Freundschaften schließen und mich austauschen.

Man gehört eben dazu – das ist wichtig!

Du kannst kreativ sein, durch kleine Filme und Fotos zeigen, wo du warst.

Die Leute leben nicht mehr in der richtigen Welt, sondern kommunizieren nur noch im Netz. Das macht einsam.

Man kann alte Freunde wiederfinden und Kontakt halten!

Wenn man es eine Zeit lang gemacht hat, ist es langweilig. Ich treffe mich lieber mit meinen Freundinnen.

8 **a.** Ordne alle Pro- und Kontra-Argumente aus dem Zeitungsartikel und den Schüleräußerungen in die Tabelle ein. Schreibe Stichworte auf.

b. Ergänze eigene Argumente.

	Pro-Argumente
___	- *weltweite Kontakte*
___	- *Freundschaften schließen*
___	
___	
___	
___	
___	
___	
___	
___	
___	

	Kontra-Argumente
___	- *virtueller Identitätsdiebstahl*
___	
___	
___	
___	
___	
___	
___	
___	
___	
___	

Die Argumentation gliedern

Arbeitstechnik

Eine Argumentation schreiben
Mit einer **Argumentation** stellst du deine Meinung dar. Sie besteht aus einer **These**, die du mit **Argumenten** begründest. Die Argumente stützt du durch **Beispiele**.
In der **Einleitung** benennst du die Fragestellung des Themas und formulierst deine Position.
Im **Hauptteil** führst du die Pro- und Kontra-Argumente auf und gehst dabei nach dem Prinzip der **Sanduhr** vor. Du beginnst mit dem stärksten Argument der Gegenposition und endest danach beim schwächsten Argument. Du kannst an dieser Stelle Gegenargumente entkräften. Zur Unterstützung deiner Position beginnst du mit dem schwächsten Argument und endest mit dem stärksten Argument.
Im **Schlussteil** fasst du deine Position noch einmal zusammen.

1 Was denkst du über den Umgang mit sozialen Online-Netzwerken? Formuliere deine Meinung in einer These und schreibe sie auf.

____

____

2 Entscheide, wie wichtig die Argumente in deiner Tabelle auf Seite 28 sind. Nummeriere sie in den schmalen Spalten entsprechend ihrer Wichtigkeit (1 = sehr wichtig, 2 = wichtig, 3 = weniger wichtig usw.).

Mit dem Prinzip der Sanduhr leitest du die Leser durch deine Argumentation.

3 Erarbeite den Aufbau einer Argumentation anhand deiner Pro- und Kontra-Argumente. Notiere Stichworte.

stärkstes Gegenargument: ______________________________

mittelstarkes Gegenargument: ______________________________

schwächstes Gegenargument: ______________________________

schwächstes Argument: ______________________________

mittelstarkes Argument: ______________________________

stärkstes Argument: ______________________________

4 Veranschauliche drei Pro- und drei Kontra-Argumente aus der Tabelle (S. 28) jeweils mit einem Beispiel. Schreibe die Beispiele in dein Heft.

Starthilfe

Pro	Kontra
Man kann ganz einfach mit Leuten in der ganzen Welt kommunizieren. Ich habe durch Facebook Kontakte in den USA, in Kanada und der Türkei. ...	Virtueller Identitätsdiebstahl ist ein großes Problem im Internet. Wie oft liest man, dass Profile gefälscht und neu verwendet werden. ...

Die Argumentation schreiben

Du schreibst einen Leserbrief an eine Computer-Zeitschrift, in dem du deinen Standpunkt zu sozialen Online-Netzwerken darstellst und begründest. Bearbeite dafür die folgenden Aufgaben in deinem Heft.

1 Schreibe eine Einleitung für deine Argumentation.
Formuliere darin deinen Standpunkt in einer These.

Starthilfe

Der Umgang mit sozialen Online-Netzwerken ist aus unserem Leben nicht mehr wegzudenken, aber er bringt auch Gefahren. Ich denke ...

2 Bilde vollständige Sätze und schreibe sie auf.

A Einerseits fördern soziale Online-Netzwerke die Kommunikation der Menschen ...	... doch der Kontakt über das Internet kostet viel Zeit.
B Die Kommunikation ist preiswert, da keine Telefon- oder Handykosten anfallen, ...	... obwohl sie Sicherheitslücken aufweisen und schon viele Daten missbraucht wurden.
C Soziale Online-Netzwerke werden immer beliebter, ...	... da es leichter ist, eine Freundschaftsanfrage online zu verschicken, als Menschen direkt anzusprechen.
D Online-Freunde sind keine echten Freunde, ...	... andererseits muss man auch ständig ansprechbar sein.
E Besonders für kontaktarme Menschen ist die Nutzung von sozialen Online-Netzwerken hilfreich, ...	... denn jeder kann sich im Internet darstellen, wie er will, und wer überprüft schon die Profile.

3 Schreibe den Hauptteil deiner Argumentation.
- Nutze deine Gliederung nach dem Prinzip der Sanduhr aus Aufgabe 3 von Seite 29.
- Verwende die Formulierungshilfen vom Rand.

Starthilfe

Ich werde auf die Vor- und Nachteile der Nutzung von sozialen Netzwerken im Folgenden eingehen. Zunächst lässt sich feststellen, dass immer mehr Menschen ...

Zunächst lässt sich feststellen, dass ...
Viele denken, dass ...
Ich vertrete hingegen die Auffassung, dass ...
Nicht nur ..., aber auch ...
Außerdem ist es wichtig, dass ...
Ein weiteres Argument ist ...
Ich glaube kaum, dass ...
Demgegenüber...
Beispielsweise ...

4 Schreibe den Schluss deiner Argumentation.
Tipp: Du kannst auch mit einer Frage oder Aufforderung schließen.

Starthilfe

Die dargestellten Argumente sprechen für und gegen soziale Online-Netzwerke.
Ich bin der Meinung, dass ...

5 Schreibe die Anrede und den ersten Satz deines Leserbriefes auf.

6 Überarbeite deinen Text mithilfe der Checkliste.

Checkliste: Eine Argumentation schreiben	ja	nein
Habe ich in der **Einleitung** das **Thema/Problem** benannt?	☐	☐
Habe ich im **Hauptteil** je drei **Pro-** und drei **Kontra-Argumente** genannt?	☐	☐
Habe ich die **Argumente gewichtet** und nach dem **Sanduhrprinzip** angeordnet?	☐	☐
Habe ich den **Aufbau von Argumenten** beachtet (These, Argument, Beispiel)?	☐	☐
Habe ich meinen **eigenen Standpunkt** genannt und begründet?	☐	☐
Habe ich abwechslungsreiche **Satzanfänge** und **Überleitungen** verwendet?	☐	☐
Habe ich einen passenden **Schluss** geschrieben?	☐	☐

Eine Argumentation überarbeiten

Du überarbeitest einen Leserbrief zum Thema „Soziale Online-Netzwerke".

Hallo, liebe Redaktion,

Sie haben in Ihrer Zeitschrift aufgerufen, die eigene Meinung zum Umgang mit sozialen Netzwerken darzustellen. Meiner Meinung nach gehört die Nutzung von sozialen Online-Netzwerken zur heutigen Zeit und man kann darauf nicht verzichten.
Grundsätzlich bin ich für soziale Online-Netzwerke und bin auch Mitglied in mehreren Communitys. Ich habe jede Menge Freunde, kann allen erzählen, was ich gerade so mache und wie ich drauf bin, und ich kann in der Schule mitreden. Es ist auch viel einfacher und geht schneller, wenn ich ein Problem habe, bei dem mich die Meinung meiner Freunde interessiert, dann schicke ich eine Mail oder tausche mich im Chat aus.
Klar, es gibt auch ein paar Sachen, die nicht so toll sind, aber darüber weiß man ja Bescheid. Es wird immer gesagt, dass man seine Daten schützen sollte. Manche Leute meinen, dass dies alles viel Zeit kostet und man sich nur in einer virtuellen Welt bewegt, die nichts mit dem wirklichen Leben zu tun hat. Aber das stimmt nicht.
Meiner Meinung nach wird das aber viel zu wichtig genommen.
Ich bleibe dabei: Soziale Online-Netzwerke sind voll cool und gehören in die moderne Zeit – alle, die das nicht finden, sind nur Miesmacher oder können nicht mit dem Computer umgehen.

Ciao, Robert

1 Was berücksichtigt Robert in dem Leserbrief? Kreuze an.

- ☐ Die Einleitung benennt das Problem, um das es geht.
- ☐ Robert nennt Argumente für die Teilnahme an Online-Netzwerken.
- ☐ Er belegt die Argumente mit anschaulichen Beispielen.
- ☐ Er hat seine Argumentation nach dem Sanduhrprinzip aufgebaut.
- ☐ Sein Schlusssatz fasst das Problem noch einmal zusammen.

Du bearbeitest die folgenden Aufgaben in deinem Heft.

2 **a.** Markiere Argumente für die Teilnahme an sozialen Online-Netzwerken.
b. Sind diese Argumente überzeugend? Begründe deine Antwort.

3 **a.** Markiere Argumente gegen die Teilnahme an sozialen Online-Netzwerken.
b. Sind diese Argumente überzeugend? Begründe deine Antwort.

4 Überarbeite den Aufbau in Roberts Leserbrief mithilfe des Sanduhrprinzips. Notiere dafür eine Gliederung mit Thesen und Argumenten in Stichworten.

5 Überarbeite die Sprache des Leserbriefs.
Tipp: Verwende keine Umgangssprache.

Starthilfe

Ich habe viele Freunde, denen ich erzählen kann, was ich mache und wie es mir geht. …

6 **a.** Überarbeite den gesamten Leserbrief. Schreibe ihn vollständig neu auf.
b. Überprüfe dein Ergebnis mit der Checkliste von Seite 30.

Eine Kurzgeschichte interpretieren

Die Kurzgeschichte untersuchen

Du liest und untersuchst eine Kurzgeschichte. Anschließend schreibst du eine Inhaltsangabe und eine Interpretation.

1 Lies die Kurzgeschichte mithilfe des Textknackers.

➤ Die Arbeitstechnik „Der Textknacker für literarische Texte“ findest du in der vorderen Klappe.

Der Hund im Thyssen-Kanal – Theodor Weißenborn

Es regnete. Die Stadt lag versunken in strähnendem Grau, schwere Wolkenballen lagerten bleiern über ihrem Häusermeer und verhüllten den Himmel. Der Wind hatte den Schleier aus Staub und Ruß, der wie eine Nebeldecke über den Dächern gehangen hatte, tief in die Straßen hinabgedrückt. Er stob über die Parkplätze, peitschte die Scheiben der Autos mit Tropfen und Staubkörnern und trieb das schmutzige Nass rillend und quirlend vor sich her über die dampfenden Asphaltbahnen der Fahrwege.

Trotz des Regens brodelte der Verkehr in den Straßen kaum weniger lebhaft als gewöhnlich. Aber die hastenden Menschen und die jagenden Maschinen vermochten nicht, dem Tag auch nur ein Weniges von seiner Trostlosigkeit zu nehmen.

In der Halle einer Unterführung, nicht weit vom Stinnesplatz, kauerte ein Hund. Er hockte zitternd an der Kante des Bürgersteigs neben dem Rinnstein und stempelte den Boden mit seinen nassen Pfoten. Er trieb sich schon seit zwei Wochen in der Nähe des Stinnesplatzes herum und kauerte in der Halle seit den frühen Morgenstunden.

Am Tage der Eröffnung der Industrieschau war der Mensch, der es gut mit ihm meinte, mit ihm in die Stadt gekommen. Der Hund wusste nicht, dass es am ersten Tag jener großen Ausstellung gewesen war, aber er erinnerte sich an die bunten Tücher, die überall in der Luft geflattert hatten, an den großen Plätzen und in den mit Menschen und stählernen Tieren überfüllten Straßen, und er trug noch den unaufhörlich gellenden Lärm in den Ohren, der aus den hier und da an den Hauswänden hängenden Blechkästen gekommen war. In der Nähe des Stinnesplatzes hatten sie die Straße überqueren wollen. Da, plötzlich war eines der lang gestreckten stählernen Tiere auf blitzschnellen runden Füßen herangeglitten, hatte ein wütendes Geheul ausgestoßen, mit den Zähnen geknirscht – und den Menschen, der es gut mit ihm meinte, angefallen und mit dem breiten, silberstarrenden Maul verschlungen. Darauf hatte es wenige Augenblicke reglos verharrt und war dann zurückgeschlichen, als ob es seine Tat bereue. Aber aus seinen Fängen war Blut getropft, und der Mensch, der es gut mit ihm meinte, hatte zusammengekrümmt und friedlich am Boden gelegen, hatte nicht gerufen, hatte sich nicht bewegt und hatte nur immerzu den Koffer festgehalten. Gleichzeitig waren mit einem Mal viele fremde Menschen zusammengelaufen, hatten den am Boden Liegenden beiseite getragen, jemand hatte ihm den Koffer abgenommen und hatte den Hund, der das nicht zulassen wollte, mit einem Tritt verjagt.

Am nächsten Morgen war der vertraute Geruch des Menschen, der es gut mit ihm meinte, überdeckt von Ruß und Benzindünsten, und der Hund war allein in den überall lauernden Gefahren. Er kauerte nun verwahrlost und halb verhungert in der Unterführung, winselte und sah auf die Schuhe der Vorübergehenden.

Gegen Mittag ließ der Regen nach und er trottete hinaus ins Freie. Er lief durch Eppendorf, über die Wedauer Straße und kam in das Industrieviertel der Stadt. Er wurde verwirrt durch die hohen Mauern, die schrillen Geräusche des ihn umtosenden Verkehrs, das Dröhnen der Maschinen, das in der Luft lag, aber er lief beharrlich weiter.

Bei Hansen & Co. wusste er ein hohes Gebäude, aus dem jeden Tag um die Mittagszeit viele kleine Menschen mit Mappen auf dem Rücken kamen. Sie streichelten ihn manchmal und fütterten ihn mit Brot.

Er setzte sich an das eiserne Tor, spähte durch die Gitterstäbe und wartete, dass man komme und ihm etwas gebe. Der Regen hatte sein Fell durchnässt, die Haare klebten, seine Pfoten waren wund und schmutzig. Er hatte sich sehr verändert. – Da läutete eine Glocke.

Die kleinen Menschen liefen herbei – aber sie zischten, als sie ihn sahen, trampelten mit den Füßen auf den Boden, klatschten in die Hände, scheuchten ihn vor sich her. Sie wollten ihn nicht wiedererkennen.

Er zitterte und winselte in der nassen Kälte und versuchte zu bellen. Da traf ihn ein Stein. Eines der Kinder hatte ihn geworfen. Er trollte sich aufjaulend ein paar Schritte zurück, begann aber sogleich, winselnd und kriechend sich wieder zu nähern.

Da schien eine geheime Verschwörung unter den kleinen Menschen zu entstehen. In stillem Übereinkommen standen sie unbeweglich und beobachteten ihn aus neugierigen, erwartungsvoll lauernden Augen. Und dann bückten sie sich jäh und rafften Steine zusammen, so viele, wie jedes von ihnen in einer Hand fassen konnte. Da begriff er. Im selben Augenblick machte er kehrt und fing an zu laufen. Und auch die Meute hinter ihm setzte sich in Bewegung. Er lief und lief auf seinen wunden Pfoten, Steine prasselten um ihn herum auf das Pflaster, einige trafen ihn.

Auf einer Brücke am Thyssen-Kanal stand, an das Pflaster gelehnt, ein Mann mit einer flachen Mütze und einem blauen Arbeitsanzug. Der Hund hörte hinter sich das Johlen der Meute und lief in höchster Angst auf den Mann zu, um bei ihm Schutz zu suchen. Aber der Mann grinste und stieß das Tier, eben als es an ihm hochspringen wollte, mit einem schweren Fußtritt unter dem Geländer der Brücke hinweg. Der Hund jaulte schrill auf und stürzte hinab in das schmutzige, gärende[1] Wasser. Er schwamm und suchte das Ufer zu erreichen. Er erreichte es auch. Aber das Ufer war mit einer steilen Betonmauer eingefasst, an der seine Halt suchenden Pfoten wieder und wieder abglitten. Die Mauer war sehr lang. Da sank er zum ersten Mal unter. Er tauchte wieder auf, seine Bewegungen waren matt, einen Augenblick lang sah er die Brücke, dann sank er zum zweiten Mal unter.

Nach seinem dritten Auftauchen trieb er ruhig an der Oberfläche des Wassers dahin. Seine verzweifelten Bewegungen hatten aufgehört, das Wasser um ihn herum hatte sich geglättet, und der Mann auf der Brücke grinste und zündete sich eine Zigarette an.

Der Strom nahm das Wasser des Kanals auf und trieb den Hund als ein winziges Knäuel hinaus aus der Stadt, die noch immer unter dem Schleier

1 gären: faulen

von Staub und Ruß begraben lag. Er führte ihn hinweg von den rauchenden Schloten[2] und trug ihn auf seiner glitzernden Oberfläche sicher und geborgen in das Land.

In der Nähe von Meggenheim wurde sein Körper ans Ufer geschwemmt, wo er in einem Binsengebüsch[3] hängen blieb.

Dicht dabei lag der kleine Kai[4], auf dem man zu den Fährbooten gelangte.

Das Kind des Kahnwächters spielte auf dem Bohlensteg, erblickte das Tier und sagte zu seinem Vater: „Da! Ein Hund!"

„Er wird aus der Stadt getrieben sein", erwiderte der Kahnwächter gleichmütig. „Armer Hund!", fügte das Kind hinzu. Aber der Hund hörte es nicht mehr. Mit toten, starr geöffneten Augen hing er in dem Binsengebüsch, und die Wellen wiegten ihn hin und her, zu derselben Zeit, als der Mann auf der Brücke des Thyssen-Kanals den fünften Zigarettenstummel ins Wasser warf und sich zum Gehen wandte.

---

2 der Schlot: der Schornstein
3 die Binse: eine Pflanze in Feuchtgebieten mit grasartigen, röhrenförmigen Halmen
4 der Kai: eine befestigte Anlage für Boote oder Schiffe

2 Welche Gedanken und Gefühle bewegen dich nach dem Lesen der Kurzgeschichte? Schreibe deine ersten Eindrücke auf.

____

____

____

Dein Arbeitsauftrag

Schreibe die Interpretation der Kurzgeschichte „Der Hund im Thyssen-Kanal" von Theodor Weißenborn.
Bearbeite dabei folgende Teilaufgaben:
- Schreibe mithilfe der Handlungsbausteine eine Inhaltsangabe.
- Beachte dabei, wer das Geschehen erzählt.
- Finde fünf Merkmale einer Kurzgeschichte im Text „Der Hund im Thyssen-Kanal". Belege deine Aussagen mit Textstellen.
- Untersuche die Darstellung der Stadt in der Kurzgeschichte. Gehe dabei auch auf die Beziehung der Stadtbewohner zum Hund ein.

3 **a.** Lies den Arbeitsauftrag.
b. Wie gehst du am besten vor? Nummeriere die Arbeitsschritte in der richtigen Reihenfolge.

- ☐ die Darstellung der Stadt in der Kurzgeschichte untersuchen
- ☐ eine Inhaltsangabe schreiben
- ☐ die Handlungsbausteine erarbeiten
- ☐ die Kurzgeschichte gewissenhaft lesen
- ☐ passende Textstellen suchen und als Zitate nutzen
- ☐ die Beziehung zwischen den Stadtbewohnern und dem Hund untersuchen
- ☐ die selbst geschriebenen Texte überarbeiten
- ☐ angeben, wer das Geschehen erzählt
- ☐ die Merkmale der Kurzgeschichte belegen

Die Inhaltsangabe schreiben

Du gibst mithilfe der Handlungsbausteine zunächst den Inhalt wieder.

Hauptfigur und Situation	Wunsch	Hindernis	Reaktion	Ende

1 Ermittle die Hauptfigur.
Notiere auf die Linien, auf wen die Fragen zutreffen.

- Wessen Situation wird ausführlich beschrieben? ______________________
- Wer möchte Hilfe von den Schulkindern? ______________________
- Wer trifft den Hund mit Steinen? ______________________
- Wer muss deshalb fliehen? ______________________
- Wer kann seinen Wunsch am Ende nicht verwirklichen? ______________________

2 Wer ist die Hauptfigur? Beantworte diese Frage und begründe deine Entscheidung.

____

____

____

3 Erstelle eine Tabelle mit den Handlungsbausteinen und ergänze Stichworte.

Starthilfe

Handlungsbausteine	Stichworte	Textstellen
Hauptfigur + Situation	- hält sich schon zwei Wochen am Stinnesplatz auf - ist mit dem Besitzer in die unbekannte Stadt gekommen - der Besitzer hatte einen Unfall - der Hund ist allein, hungrig, verwahrlost	Z. 16–17 Z. 19–21
Wunsch		
...		

4 **a.** Markiere in der Kurzgeschichte die Orte, an denen die Handlung stattfindet.
b. Schreibe auf, wo sich die Kurzgeschichte abspielt.

____

____

5 Warum ist der Hund allein in der Stadt? Kreuze die richtige Antwort an.

- ☐ Sein Besitzer will ihn nicht mehr.
- ☐ Sein Besitzer hatte einen Unfall und ist seitdem verschwunden.
- ☐ Er ist ein streunender Hund.

6 Schreibe einen Einleitungssatz für die Inhaltsangabe auf.
Beachte dafür die Arbeitstechnik „Eine Inhaltsangabe schreiben".
a. Suche die Angaben zu Autor, Titel, Textart auf Seite 32.
b. Wovon handelt die Geschichte? Nutze die Hilfen vom Rand.

➤ Die Arbeitstechnik „Eine Inhaltsangabe schreiben" findest du vorne auf der inneren Umschlagseite.

das Schicksal,
Hund,
allein in fremder Stadt,
auf Hilfe hoffen,
Menschen

___

___

___

___

7 Schreibe auf, womit die Kurzgeschichte beginnt.

___

___

___

___

8 Welche Ereignisse haben bereits vorher stattgefunden?
Woran erinnert sich der Hund?
a. Suche im Text die Erlebnisse des Hundes und markiere die Abschnitte am Blattrand.
b. Setze folgende Verben im Präsens in die Zeitform Perfekt.

Zeitformen der Verben ➤ **S. 95**

sie kommen *sie sind gekommen* ___

sie besuchen *sie haben ...* ___

sie überqueren ___

ein Auto fährt ihn an ___

er wird verletzt und weggebracht ___

c. Fasse die Erlebnisse des Hundes in zwei bis drei Sätzen zusammen.
Verwende das Perfekt.

___

___

___

___

9 Gib das Gespräch zwischen Kahnwächter und Kind in indirekter Rede wieder.
Setze dabei die Verben in Klammern in den Konjunktiv I.

Das Kind des Kahnwächters spielt auf dem Bohlensteg, erblickt das Tier und sagt zu seinem Vater, da ___ (schwimmt) ein Hund.
Er ___ (wird) aus der Stadt getrieben sein, erwidert der Kahnwächter gleichmütig. Er ___ (ist) ein armer Hund, fügt das Kind hinzu.

10 Schreibe eine Inhaltsangabe zu der Kurzgeschichte in dein Heft

Eine Inhaltsangabe überarbeiten

Achtung: Fehler!

1 Lies die folgende Inhaltsangabe.

Jn der Geschichte „Der Hund im Thyssen-Kanal" von Weißenborn steht ein kleiner Hund im Mittelpunkt. Er kam mit seinem Herrchen in die Stadt. Aber dann war er allein am Stinnesplatz, kannte sich nicht aus und niemand kümmerte sich um ihn. Auf der Suche nach Futter lief er zu einer Schule, weil er dort manchmal Brot bekam und gestreichelt wurde. Aber diesmal bewerfen ihn die Kinder mit Steinen und jagen ihn. Das ist wirklich daneben von ihnen. Der Hund hat doch nur Hunger. Er will sich bei einem Mann auf der Brücke in Sicherheit bringen, aber der stößt den Hund mit einem Fußtritt ins Wasser. Jch verstehe nicht, wie man so was machen kann. Das arme Tier ertrinkt. Nur ein kleines Kind am Kai hat Mitleid mit dem toten Hund.

2 Überprüfe den Einleitungssatz und korrigiere die Textsorte am Rand.

3 Überprüfe die Zeitformen. Streiche die falschen Verbformen durch und verbessere sie am Rand.
Tipp: Sieben falsche Verbformen sind verwendet worden.

4 Welche Sätze drücken eine persönliche Meinung aus? Streiche sie durch.

5 Welche wichtigen Informationen aus der Kurzgeschichte fehlen? Schreibe die fehlenden Angaben in Stichworten auf.

6 Verbessere die Inhaltsangabe in deinem Heft.
- Beachte dabei die Ergebnisse aus den Aufgaben 2 bis 5.
- Nutze auch die Checkliste unter Aufgabe 7.

7 Überarbeite deine Inhaltsangabe von Seite 36 mit der folgenden Checkliste.

Checkliste: Eine Inhaltsangabe schreiben	ja	nein
Habe ich in der **Einleitung Autor**, **Titel**, **Textsorte** und **Thema** genannt?	☐	☐
Habe ich im **Hauptteil** die **wichtigsten Ereignisse** der Handlung mithilfe der **Handlungsbausteine** zusammengefasst?	☐	☐
Habe ich wörtliche Rede durch **indirekte Rede** ersetzt?	☐	☐
Habe ich im **Präsens** geschrieben?	☐	☐
Habe ich für die Vergangenheit das **Perfekt** verwendet?	☐	☐

Die Merkmale der Kurzgeschichte und die Erzählperspektive untersuchen

Du weist die Merkmale der Kurzgeschichte am Text nach.

Merkwissen

Eine **Kurzgeschichte** ist eine **knappe**, **moderne Erzählung**, die sich auf **wenige Figuren** und **Handlungsorte** beschränkt. Kurzgeschichten handeln meist von einem kurzen Ausschnitt aus einem **alltäglichen Geschehen**, das zu einem entscheidenden Moment im Leben einer Figur wird. Weitere Merkmale sind der **unvermittelte Einstieg** und **ein offenes Ende**, das viele Deutungsmöglichkeiten zulässt.

1 Untersuche den Einstieg ins Geschehen.
Schreibe auf, wie und womit die Kurzgeschichte beginnt. Was fällt dir auf?

____

____

____

2 Was an dieser Kurzgeschichte ist für dich ein alltägliches Geschehen?
Begründe kurz, ob das zweite Merkmal zutrifft.

____

____

____

3 In den Zeilen 16–20, 27–39 und 85–103 findest du wichtige Hinweise auf den Zeitraum der Kurzgeschichte.

a. Lies diese Textstellen noch einmal und markiere dir Hinweise auf die Tageszeit oder Zeitspanne.

b. Schreibe die Zeitangaben mit der Zeilenangabe auf.

Rückblende: *„schon seit zwei Wochen" (Z. 16)*

____

Beginn des Geschehens: ______________________________

____

Ende des Geschehens: ______________________________

____

c. Schreibe auf, in welcher Zeitspanne die Handlung stattfindet.

____

____

4 In einer Kurzgeschichte sind nur wenige Figuren an der Handlung beteiligt.

a. Untersuche die Anzahl der Figuren in dieser Kurzgeschichte. Ergänze in Stichworten, welche beteiligten Figuren näher beschrieben werden.

b. Schreibe in einem Satz auf, ob das Merkmal zutrifft.

5 Untersuche den Wendepunkt der Kurzgeschichte.

a. Lies noch einmal die Zeilen 72–78 auf Seite 33.

b. Markiere die Stelle, an der die Geschichte eine unerwartete Wendung nimmt.

c. Schreibe die passende Textstelle als Zitat auf.

6 Wie endet die Kurzgeschichte?

a. Untersuche den letzten Abschnitt des Textes und beantworte die Fragen:

Wie reagiert der Mann im Arbeitsanzug?

Wie reagiert das Kind am Kai?

b. Ist das Ende offen? Begründe deine Meinung.

Du findest heraus, wer das Geschehen erzählt.

7 Untersuche die Erzählperspektive in der Kurzgeschichte „Der Hund im Thyssen-Kanal“.

a. Markiere dazu in den Zeilen 45–49 die Personalpronomen.

b. Schreibe auf, aus wessen Sicht über den Unfall erzählt wird.

c. Vervollständige den folgenden Satz.

Das Geschehen wird in der ______-Form erzählt. Meist wird es neutral (nur sachlich beschreibend) wiedergegeben, aber es gibt auch Abschnitte aus der Sicht des ____________________.

Die Atmosphäre untersuchen

Beim genauen Lesen findest du noch mehr über die Darstellung des Ortes und der Personen heraus.

1 **a.** Wie wird der Ort beschrieben? Lies aufmerksam den ersten Abschnitt der Kurzgeschichte und markiere dabei Textstellen, die die Stadt und das Wetter beschreiben.
b. Schreibe Wortgruppen zur Darstellung der Stadt in deinem Heft auf.

Starthilfe

Stadt ist grau, Wolken lagern wie Blei über Häusern ...

c. In Zeile 10 auf Seite 32 beschreibt ein Nomen, welches Gefühl der Tag hervorruft. Suche und notiere es.
d. Lies überfliegend weiter und ergänze im Heft weitere Angaben zur Stadt.

2 Welchen Eindruck macht die Stadt auf dich? Möchtest du dort leben? Schreibe deine Meinung in ganzen Sätzen im Heft auf.

3 **a.** In welcher Lage befindet sich der Hund?
b. Warum erkennen die Kinder auf dem Schulhof den Hund nicht wieder? Erkläre, was sich verändert hat.

4 Wie verhalten sich die Figuren gegenüber dem Hund?
a. Erstelle eine Tabelle in deinem Heft. Ergänze die passenden Zitate.

Starthilfe

Figuren	Verhalten (Textstellen)
Passanten	„jemand ... hatte den Hund ... mit einem Tritt verjagt“ (Z. 38 f.)
Kinder	– – – – „Steine prasselten um ihn herum ... einige trafen ihn“ (Z. 67–68)
Mann auf der Brücke	– „grinste“ (Z. 75) ...
Kahnwächter	– „gleichmütig“ (Z. 99)
Kind am Kai	...

b. Schreibe in dein Heft, wer Interesse und Mitgefühl zeigt.
c. Fasse das Verhalten der Stadtbewohner gegenüber dem Hund zusammen.

5 Wie beurteilst du die Stadtbewohner? Schreibe deine Meinung auf.

Starthilfe

Das Verhalten der Stadtbewohner gegenüber dem Hund empfinde ich als ...

6 Welche Botschaft könnte in dieser Kurzgeschichte stecken? Schreibe deine Ideen in Sätzen auf.

Die Interpretation schreiben

Du hast die Kurzgeschichte mehrmals gelesen und sie mithilfe der Teilaufgaben untersucht. Deine Ergebnisse fasst du in einem Interpretationsaufsatz zusammen. Schreibe in dein Heft.

➤ Die Arbeitstechnik „Die Interpretation einer Kurzgeschichte schreiben" findest du vorne auf der inneren Umschlagseite.

1 Schreibe die Einleitung.
Tipp: Denke an die Überschrift, den Autor, den Titel, die Textsorte, die Hauptfigur und das Thema.

2 Schreibe die Inhaltsangabe für den Hauptteil. Sammle im Heft Stichworte zur Handlung und fasse sie anhand deiner Notizen zusammen.
Tipp: Denke an die Zeitform Präsens, die eigene Wortwahl und orientiere dich an der tatsächlichen Reihenfolge des Geschehens.

Inhaltsangabe ➤ **S. 35–37,** Aufgaben 1 bis 7

3 Lege die Ergebnisse deiner Textuntersuchung im Hauptteil dar. Diese Teilschritte helfen dir dabei:
- Weise die Merkmale der Kurzgeschichte nach.
- Ergänze die auffälligen Textmerkmale (Aufbau, Erzählperspektive, Redeformen, Figuren).
- Stelle deine Beobachtungen zur Sprache, zum Satzbau, Stil und zur Wortwahl dar.
- Belege deine Aussagen mit Textstellen.

Tipp: Beachte die Regeln zum Zitieren. Gib die Textstelle an, benenne das Stilmittel und beschreibe die Wirkung (vgl. S. 40, Aufgabe 4).

Merkmale der Kurzgeschichte
➤ **S. 38-39,** Aufgaben 1 bis 7
Erzählperspektive
➤ **S. 39,** Aufgabe 8
Atmosphäre
➤ **S. 40,** Aufgaben 1 bis 5

4 Überprüfe, ob du alle geforderten Teilaufgaben von Seite 34 in der angegebenen Reihenfolge berücksichtigt hast.

5 Zum Schluss deiner Interpretation fasst du deine Ergebnisse zusammen und schreibst deine eigene Meinung zu der Geschichte auf.

Zusammenfassend ist festzuhalten, dass ...

Persönlich finde ich ...

6 Überprüfe und verbessere deinen Interpretationsaufsatz mit der Checkliste.

Checkliste: Eine Interpretation schreiben	ja	nein
Habe ich meinen Text deutlich in **Einleitung**, **Hauptteil** und **Schluss** gegliedert?	☐	☐
Habe ich die **Merkmale einer Inhaltsangabe** im Hauptteil umgesetzt?	☐	☐
Habe ich **keine Teilaufgabe** des Arbeitsauftrags **vergessen**?	☐	☐
Habe ich die erforderlichen **Belege** eingefügt und **korrekt zitiert**?	☐	☐
Habe ich im **Schlussteil** meine Untersuchungen **zusammengefasst** und meine eigene **Meinung** zur Kurzgeschichte dargestellt?	☐	☐
Habe ich den **Ausdruck** meiner Interpretation **überarbeitet**?	☐	☐

Z Weiterführendes: Zur Kurzgeschichte schreiben

Wähle aus den folgenden Aufgaben eine aus. Schreibe in dein Heft.

1 Lies noch einmal auf Seite 33 die Zeilen 72–77. Was könnte der Mann auf der Brücke denken, als der Hund auf ihn zuläuft und er ihn tritt? Schreibe die Gedanken des Mannes als inneren Monolog auf.

2 Wie könnte es deiner Meinung nach auch weitergehen? Schreibe ein neues Ende für diese Geschichte.

Ein Gedicht interpretieren

Du interpretierst ein Gedicht und gehst dabei schrittweise vor.

1 Lies das Gedicht mithilfe des Textknackers.

Das Ideal (1927) – Kurt Tucholsky (1890–1935)

Ja, das möchste:
Eine Villa im Grünen mit großer Terrasse,
vorn die Ostsee, hinten die Friedrichstraße;
mit schöner Aussicht, ländlich-mondän[1],
vom Badezimmer ist die Zugspitze zu sehn –
aber abends zum Kino hast dus nicht weit.

Das Ganze schlicht, voller Bescheidenheit:

Neun Zimmer – nein, doch lieber zehn!
Ein Dachgarten, wo die Eichen drauf stehn,
Radio, Zentralheizung, Vakuum[2],
eine Dienerschaft, gut gezogen und stumm,
eine süße Frau voller Rasse und Verve[3] –
(und eine fürs Wochenende, zur Reserve) –,
eine Bibliothek und drumherum
Einsamkeit und Hummelgesumm.

Im Stall: Zwei Ponies, vier Vollbluthengste,
acht Autos, Motorrad – alles lenkste
natürlich selber – das wär ja gelacht!
Und zwischendurch gehst du auf Hochwildjagd.

Ja, und das hab ich ganz vergessen:
Prima Küche – erstes Essen –
alte Weine aus schönem Pokal –
und egalweg bleibst du dünn wie ein Aal.
Und Geld. Und an Schmuck eine richtige Portion.
Und noch ne Million und noch ne Million.
Und Reisen. Und fröhliche Lebensbuntheit.
Und famose Kinder. Und ewige Gesundheit.

Ja, das möchste!

Aber wie das so ist hienieden:
Manchmal scheints so, als sei es beschieden
nur pöapö[4], das irdische Glück.
Immer fehlt dir irgendein Stück.
Hast du Geld, dann hast du nicht Käten[5];
hast du die Frau, dann fehln dir Moneten –
hast du die Geisha[6], dann stört dich der Fächer:
bald fehlt uns der Wein, bald fehlt uns der Becher.

Etwas ist immer.

Tröste dich.

Jedes Glück hat einen kleinen Stich.
Wir möchten so viel: Haben. Sein. Und gelten.
Daß einer alles hat:
das ist selten.

R

1 mondän: nach Art der großen Welt
2 Vakuum: hier: der Staubsauger
3 die Verve: Schwung
4 pöapö: von französisch peu à peu: nach und nach
5 Käten: Kurzform des Frauennamens Käthchen/Katharina
6 die Geisha: japanische Unterhaltungskünstlerin

2 Worum geht es in dem Gedicht? Schreibe zwei bis drei Sätze in dein Heft.

Dein Arbeitsauftrag

Interpretiere das Gedicht „Das Ideal“.
- Beschreibe den Inhalt, die Merkmale und die verwendeten Stilmittel.
- Beschreibe die Wirkung von Form und Sprache auf die Aussage.

➤ Die Arbeitstechnik „Eine Gedichtinterpretation schreiben“ findest du vorne auf der inneren Umschlagseite.

3 Lies deinen Arbeitsauftrag und schreibe in dein Heft, was du tun sollst.

Das Gedicht untersuchen

Du beschäftigst dich mit dem Thema des Gedichts.

1 **a.** Lies die Überschrift des Gedichts und die Definition am Rand.
b. Hast du ein Wunschbild, ein Ideal, das du im Leben verwirklichen willst? Beschreibe dein Ideal in deinem Heft.

In dem Gedicht entdeckst du besondere Wörter.

2 **a.** Lies die Worterklärungen in den Fußnoten.
b. Finde die folgenden Wörter in dem Gedicht.
c. Kreuze jeweils die für diesen Text richtige Bedeutung an.

die Friedrichstraße	☐ Straße in Berlin	☐ Straße in München	☐ Straße in Köln
der Pokal	☐ ein Sportwettbewerb	☐ ein pochierter Aal	☐ ein Trinkgefäß
der Aal	☐ eine Grassorte	☐ eine Nadel	☐ ein Fisch
irdisch	☐ weltlich	☐ erdig	☐ irrtümlich
Moneten	☐ Geld	☐ eine Malschule	☐ kleine Kometen
der Fächer	☐ ein Schirm	☐ ein Faltenkleid	☐ ein Gerät zum Fächeln von Luft

Du erkennst, wovon das Gedicht im Einzelnen handelt.

3 **a.** Was möchte die Person im Gedicht alles haben? Markiere Dinge und Tiere, Personen, Tätigkeiten und ideelle Werte.
b. Welche Wünsche werden genannt? Ordne sie in eine Tabelle im Heft.

Starthilfe

Dinge und Tiere	Personen	Tätigkeiten	Ideelle Werte
Villa mit Terrasse, ...	...		

4 Was fehlt gelegentlich für ein vollkommenes Glück?
a. Markiere im Gedicht die genannten Mängel in einer Farbe.
b. Fasse die markierten Mängel in ein oder zwei Sätzen zusammen.

____

____

5 **a.** Untersuche den lyrischen Sprecher im Gedicht. Markiere dazu Personalpronomen und Possessivpronomen.
b. Wer spricht? Wer wird angesprochen? Beschreibe den lyrischen Sprecher.

____

____

____

6 Das Gedicht besteht aus zwei Teilen.
a. Wo beginnt der zweite Teil des Gedichts?
b. Worin unterscheiden sich die zwei Teile? Begründe deine Meinung.

____

____

____

Du findest in dem Gedicht typische Merkmale von Gedichten.

7 Welches Reimschema findest du in dem Gedicht? Kreuze an.

☐ Kreuzreim ☐ Paarreim ☐ umarmender Reim

8 Untersuche die Strophenform. Beschreibe, was dir auffällt.

Die Strophen sind ______________________________

____

____

9 Untersuche die Verse des Gedichts. Beschreibe Besonderheiten.
Tipp: Achte auf Wiederholungen.

Die Verse sind ______________________________

____

____

Einige Besonderheiten von Gedichten erkennst du beim lauten Lesen.

10 **a.** Lies das Gedicht laut. Sprich den Text deutlich und natürlich.
b. Wie wirkt das Gedicht auf dich? Kreuze an oder notiere Stichworte.

☐ dramatisch ☐ belehrend ☐ heiter ☐ tröstend ☐ ironisch

____

Du untersuchst auffällige Stilmittel in dem Gedicht.

11 **a.** Finde Beispiele für **Übertreibungen** im Gedicht.
b. Beschreibe die Übertreibungen und belege sie mit Zeilenangaben.

____

____

____

____

____

____

12 **a.** Finde Beispiele für **Umgangssprache und Dialekt** im Gedicht.
b. Schreibe Beispiele mit Zeilenangabe auf.

____

____

____

13 **a.** Finde Beispiele für das Stilmittel der **Wiederholung** im Gedicht.
b. Schreibe auffällig oft wiederholte Wörter mit Zeilenangaben auf.

____

____

____

Die Gedichtinterpretation schreiben

Du ordnest deine Beobachtungen für die Interpretation.

1 Wovon handeln die zwei Teile des Gedichts? Fasse in einem Satz zusammen.

____

____

2 **a.** Welche Form und welche Stilmittel hast du im Gedicht festgestellt? Notiere Stichworte in der linken Spalte der Tabelle.
b. Welche Funktion haben diese Besonderheiten für die Aussage des Gedichts? Notiere Stichworte in der rechten Spalte der Tabelle.

Form und Stilmittel	Funktion
unregelmäßige Strophen	*- unterstützt die Aussage, dass selten alles ideal ist*

Du schreibst deine Gedichtinterpretation in dein Heft.

3 **a.** Schreibe eine **Einleitung** zu deiner Gedichtinterpretation. Nenne darin Autor, Textsorte, Titel, Erscheinungsjahr und das Thema.
b. Schreibe den **Hauptteil** deiner Gedichtinterpretation.
- Beschreibe den Inhalt des Gedichts und den lyrischen Sprecher.
- Beschreibe die Form und die Stilmittel und belege sie mit Zitaten.
- Erkläre, wie Inhalt und Form zusammenwirken.

c. Schreibe einen **Schluss** zu deiner Gedichtinterpretation.
- Fasse deine Ergebnisse kurz in zwei bis drei Sätzen zusammen.
- Ergänze eine persönliche Bewertung. Begründe sie.

d. Überprüfe dein Ergebnis mithilfe der Checkliste.

Checkliste: Eine Gedichtinterpretation schreiben	ja	nein
Habe ich meine Interpretation **am Text belegt**?	☐	☐
Habe ich **sachlich** und im **Präsens** geschrieben?	☐	☐
Habe ich in der **Einleitung** den **Titel**, den **Autor**, die **Textsorte** und das **Thema** genannt?	☐	☐
Habe ich im **Hauptteil** den **Inhalt** des Gedichts kurz wiedergegeben?	☐	☐
Habe ich das Gedicht **inhaltlich** und **sprachlich analysiert**?	☐	☐
Habe ich geäußert, welche **Funktion Aufbau** und **Stilmittel** haben?	☐	☐
Habe ich zum **Schluss** das Gedicht **begründet bewertet**?	☐	☐

Z Du schreibst ein Parallelgedicht.

4 Welche Wunschbilder oder Ideale hast du (oder jemand anderes)? Schreibe ein Parallelgedicht zu Tucholskys „Das Ideal“.

Lesen und Schreiben für den Beruf

Einen offiziellen Brief schreiben

Das Lexikon „Beruf aktuell" informiert über verschiedene Berufe.
Du schreibst einen offiziellen Brief, um das Lexikon zu bestellen.

1 An welche Anschrift adressierst du deinen Brief, um das Lexikon „Beruf aktuell" zu bestellen? Kreuze an.

- ☐ Schneller zum Job, Bahnhofstr. 15, 90478 Nürnberg
- ☐ Bundesagentur für Arbeit, Regensburger Str. 104, 90478 Nürnberg
- ☐ Jobbörse, Ernst-Mösche-Str. 27, 90478 Nürnberg
- ☐ Berufe für Jugendliche, Am Westtor 78, 90478 Nürnberg

2 Wie ist ein offizieller Brief aufgebaut? Ergänze die Beschreibung unten. Verwende dabei die Wörter und Wortgruppen vom Rand.

Ein offizieller Brief muss einen _Absender_ enthalten. Dieser steht in der oberen ____________ des Briefbogens. Name und Anschrift des __________ stehen ______ ____________ unterhalb des Absenders. Das __________ steht in der rechten __________ __________ des Briefbogens. Zwischen dem Empfänger und der Anrede steht die ________________. Diese Zeile gibt einen Hinweis in Stichworten zum __________ des Briefes. Ein offizieller Brief muss immer mit einer passenden __________ beginnen und mit einem ________ und der ____________ enden.

~~Absender~~, Gruß, linken Ecke, Empfängers, zwei Leerzeilen, Anrede, Unterschrift, Datum, Betreffzeile, Inhalt, oberen Ecke

3 Formuliere die folgenden Betreffzeilen kürzer.
Du kannst die Wörter und Wortgruppen vom Rand verwenden.

~~Ihr Schreiben~~, Bestellung, Zimmerbuchung, Telefonat

Sie haben mir am 12. 03. 2011 geschrieben.

Ihr Schreiben vom 12.03.2011

Mit diesem Schreiben beziehe ich mich auf unser Telefonat vom 15. 02. 2011.

____

Ich möchte gerne das Lexikon der Ausbildungsberufe bestellen.

____

Ich möchte gerne bei Ihnen ein Zimmer buchen.

____

4 Welche Anrede und Grußformel verwendest du in dem Brief? Schreibe auf.

Anrede: ______________________________

Grußformel: ______________________________

5 Wie formulierst du dein Anliegen im Text des Briefes?
Beantworte die Fragen in Stichworten.

Wer bin ich? ______________________________

Was ist der Grund des Briefes? ______________________________

Was will ich bestellen? ______________________________

6 Schreibe den offiziellen Brief, in dem du das Lexikon „Beruf aktuell" bestellst.
- Nenne in dem Brief den Grund für deine Bestellung.
- Verwende deinen eigenen Namen, deine Adresse und das aktuelle Datum.

Schreibe auf ein Blatt Papier oder nutze den Computer.
Beachte dabei die Arbeitstechnik „Einen offiziellen Brief schreiben".

➤ Die Arbeitstechnik „Einen offiziellen Brief schreiben" findest du in der hinteren Klappe.

Du überarbeitest einen offiziellen Brief.

Magdalena Müller 20.03.2011

Schneller zum Job
Bahnhofstr. 15
Nürnberg

Telefongespräch am 15.03.2011

Hallo,

ich bin Schülerin der neunten Realschulklasse der Martin-von-Tours-Schule in Neustadt/Hessen und werde voraussichtlich im Juni 2013 die Schule abschließen. Ich möchte mich über verschiedene Ausbildungsberufe und Berufsanforderungen im Bereich Küche informieren. Daher bestelle ich mit diesem Schreiben das Lexikon der Ausbildungsberufe, Ausgabe 12/13. Da ich sehr gerne koche, will ich gerne in einer Küche arbeiten. Meine Eltern arbeiten als Verkäuferin und Kraftfahrzeugmechatroniker. Ich bedanke mich für Ihre Bemühungen im Voraus.

Magdalena Müller

7 Überprüfe den offiziellen Brief. Welche formalen Fehler gibt es in dem Brief?
Notiere Stichworte.

Absenderadresse unvollständig, ______________________________

____

8 Welche unnötigen Informationen enthält der Brief? Streiche sie durch.

9 **a.** Überarbeite den Brief und schreibe ihn in dein Heft.
Du kannst dafür auch den Computer nutzen.
b. Vergleiche den überarbeiteten Brief mit deinem Brief aus der Aufgabe 6.

Eine Berufsbeschreibung verstehen

Du informierst dich im Lexikon „Beruf aktuell“ über den Ausbildungsberuf Koch/Köchin.

1 Lies die Berufsbeschreibung mithilfe des Textknackers.

➤ Die Arbeitstechnik „Der Textknacker“ findest du in der vorderen Klappe.

Koch/Köchin

Sie verrichten alle Arbeiten, die zur Herstellung von Speisen gehören. Köche und Köchinnen kennen die Rezepte für Gerichte aller Art, z. B. für Suppen, Soßen, Gebäck oder Süßspeisen. Wenn sie einen Speiseplan aufgestellt haben, kaufen sie die Lebensmittel und Zutaten ein, bereiten sie vor oder lagern sie gegebenenfalls ein. Sie organisieren die Arbeitsabläufe in der Küche und sorgen dafür, dass die Speisen rechtzeitig und in der richtigen Reihenfolge fertig werden. In kleineren Küchen kochen, braten, backen und garnieren Köche und Köchinnen alle Gerichte selbst. In Großküchen sind sie meist auf die Zubereitung bestimmter Speisen spezialisiert, etwa auf Beilagen, Salate oder Fisch- und Fleischgerichte. Zu ihren Aufgaben gehört auch, die Preise zu kalkulieren und Gäste zu beraten.
Hauptsächlich arbeiten sie in den Küchen von Restaurants, Hotels, Kantinen, Krankenhäusern, Pflegeheimen und Cateringfirmen. Darüber hinaus sind sie in der Nahrungsmittelindustrie für Hersteller von Fertigprodukten und Tiefkühlkost tätig. Auch Schifffahrtsunternehmen beschäftigen auf größeren Ausflugs- und Kreuzfahrtschiffen Köche und Köchinnen.
Koch/Köchin ist ein anerkannter Ausbildungsberuf nach dem Berufsbildungsgesetz (BBiG). Diese bundesweit geregelte **3-jährige Ausbildung** wird im Gastgewerbe angeboten. Auch eine schulische Ausbildung ist möglich.

Beispielhafte Ausbildungsvergütung	pro Monat
1. Ausbildungsjahr	375 € bis 517 €
2. Ausbildungsjahr	446 € bis 589 €
3. Ausbildungsjahr	543 € bis 660 €

Stand: 2011

2 Beantworte die Fragen in ganzen Sätzen.

A Welche Aufgaben haben Köchinnen und Köche? *Sie kennen Rezepte für Gerichte,* ____________

____

____

B Wo arbeiten die Köchinnen und Köche hauptsächlich? ____________

____

____

C Wo können Köchinnen und Köche noch tätig sein? ____________

____

D Wie lange dauert die Ausbildung? ____________

E Wie hoch ist die Ausbildungsvergütung für Köche und Köchinnen im zweiten Lehrjahr? ____________

____

3 **a.** Markiere zu den folgenden Aussagen passende Sätze im Text.
b. Schreibe die passenden Sätze mit Zeilenangaben auf.

A Lebensmittel und Zutaten werden besorgt, vorbereitet oder vorübergehend gelagert, nachdem man einen Speiseplan aufgestellt hat.

____

____

B In kleinen Betrieben führen Köchinnen und Köche alle Arbeiten zur Vorbereitung der Gerichte selbst aus.

____

____

C Arbeitsplätze in der Nahrungsmittelindustrie gibt es für Köchinnen und Köche zum Beispiel bei Herstellern von Fertigprodukten und Tiefkühlkost.

____

____

4 Erkläre die Tätigkeiten einer Köchin oder eines Kochs in eigenen Sätzen. Du kannst zusätzlich Nachschlagewerke oder das Internet nutzen.

Lebensmittel einlagern *bedeutet, dass benötigte Waren auf Vorrat gekauft und in speziellen Räumen aufbewahrt werden. Dabei muss man darauf achten, dass* ____

____

Arbeitsabläufe organisieren ____

____

____

Preise kalkulieren ____

____

____

5 Schreibe mithilfe deiner Ergebnisse einen informierenden Text über das Berufsbild **Koch/Köchin**. Du kannst in dein Heft schreiben oder den Computer nutzen.

Starthilfe

Das Berufsbild der Köchin oder des Kochs
Die Hauptaufgaben einer Köchin/eines Kochs …

Z **Du informierst dich über ein Gesetz und beschreibst es in deinem Heft.**

6 Was ist das **Berufsbildungsgesetz**?
a. Markiere den Begriff und eine Abkürzung des Begriffs im Text.
b. Was wird in diesem Gesetz genauer geregelt? Beschreibe es in ganzen Sätzen. Du kannst dafür im Internet nach Informationen suchen.
c. Gib die Quelle für deine Informationen an.

Starthilfe

Im Berufsbildungsgesetz stehen Bestimmungen über …

Einen Tagesbericht schreiben

Du schreibst einen Tagesbericht (Praktikum) mithilfe von Notizen.

1 Lies die folgenden Stichworte für einen Tagesbericht.

05.05.2011, Einkauf Gemüse, Hotel Sonne, Abräumen, Markt, Küche, Eindecken, Gemüse putzen, Spülmaschine, Salat waschen, schneiden, 8:00 - 16:00 Uhr

8:00 Uhr: Kaffeemaschine für Frühstück betreuen, 8:30 Uhr: mit Chefin zum Markt fahren, Einkaufsliste lesen, Gemüse prüfen und probieren (Frische, Qualität), Einkäufe aufteilen, Säcke Kartoffeln und Zwiebeln als Letztes mitnehmen, 9:45 Uhr: zurück zum Hotel fahren, 10:00 Uhr: 20 kg Kartoffeln schälen und waschen, 11:00 Uhr: 5 kg Zwiebeln schneiden, 11:30 Uhr: beim Eindecken helfen (Tafel für 50 Personen), 12:00 Uhr: Mittagspause, 12:45 Uhr: beim Abräumen helfen, Spülmaschine bedienen, 14:00 Uhr Salat waschen und schneiden, 16:00 Uhr Feierabend.

2 Formuliere einen Einleitungssatz mit den wichtigsten Informationen: Wer? Wann? Wo? Was?

3 Formuliere den Hauptteil in ganzen Sätzen.
- Schreibe sachlich und formuliere genau.
- Verwende geeignete Satzanfänge und Satzgefüge.
- Beachte die Arbeitstechnik „Einen Tagesbericht schreiben“.

Ab 8:00 Uhr morgens betreute ich die Kaffeemaschine für das Frühstück, danach

➤ Die Arbeitstechnik „Einen Tagesbericht schreiben“ findest du vorne auf der inneren Umschlagseite.

4 Überprüfe den fertigen Bericht von Seite 50 mithilfe der Checkliste.

Checkliste: Einen Tagesbericht schreiben	ja	nein
Habe ich alle **Materialien** und **Werkzeuge** genannt?	☐	☐
Habe ich **genau** und **sachlich** geschrieben?	☐	☐
Ist der Bericht **knapp**, **einfach** und **klar**?	☐	☐
Habe ich **wertende** Aussagen **vermieden**?	☐	☐
Habe ich **W-Fragen** beantwortet?	☐	☐
Habe ich das **Präteritum** verwendet?	☐	☐
Sind meine Sätze **abwechslungsreich**?	☐	☐
Stimmt die **Reihenfolge** und habe ich **Zeitangaben** gemacht?	☐	☐

Du überarbeitest einen fehlerhaften Tagesbericht.

5 Lies den Tagesbericht.

Tagesbericht

Mein Name ist Magdalena Müller und ich absolviere mein Praktikum im Hotel Sonne als Köchin. Dort gefällt es mir sehr gut. Am Montag, dem 02. 05. 2011, beginnt mein Praktikum um 7:30 Uhr. Ich wasche mir gründlich die Hände. Dann fülle ich Körbe und Schüsseln für das Frühstücksbüfett mit Brötchen und kleinen Portionen von Marmeladen, Honig und Butter nach. Abgeräumtes Geschirr säubere ich von Essensresten und sortiere es in die Spülmaschinen. Um 9:00 Uhr mache ich eine Frühstückspause. Es gibt Rührei und Brötchen vom Büfett.
Um 9:30 Uhr helfe ich beim Schälen von 20 Kilo Kartoffeln. Um 11:00 Uhr soll ich eine Salatsoße für das Mittagsbüfett anrühren. In einer großen Rührschüssel mixe ich mit dem Rührbesen Senf, Olivenöl, Essig, Salatkräuter, Pfeffer, Salz und Zucker. Dann prüft der Koch mit einem sauberen Löffel, ob die Mischung gut ist. Schwierig: bei der großen Menge die Zutaten richtig zu dosieren. Dann fülle ich die Soße in mehrere Glaskannen. Um 10:30 Uhr helfe ich bei der Dekoration von Kuchenplatten für die Tagungsräume. Dafür verwenden wir Physalis, Litschi und aufgeschnittene Granatäpfel. Die Platten sehen ganz toll aus. Um 13:00 Uhr endet mein Praktikumstag. Zwischen 12:00 Uhr und 12:30 wasche ich Salat und schneide Tomaten für das Salatbüfett. Dabei unterhalte ich mich sehr nett mit den Leuten.

6 **a.** Markiere in dem Tagesbericht alle Fehler mithilfe der Checkliste.
b. Welche fünf Arten von Fehlern wurden in dem Bericht gemacht? Beschreibe die Fehlerarten in ganzen Sätzen.

In dem Bericht gibt es mehrere wertende ____________________

____

____

____

____

7 Überarbeite den Tagesbericht.
Schreibe in dein Heft oder nutze den Computer.
Beachte dabei die Arbeitstechnik „Einen Tagesbericht schreiben".

Formulare verstehen

Für die Berufsausbildung schließt du mit dem Ausbildungsbetrieb einen Berufsausbildungsvertrag ab. Du liest und verstehst einen solchen Vertrag.

1 Finde in dem Vertrag die passenden Fachbegriffe zu den Erklärungen. Schreibe unter oder hinter jede Erklärung den passenden Fachbegriff.

Die Person, die jemanden ausbildet. *der/die Ausbildende*

Der Betrieb, der jemanden ausbildet. ____________________

Der Beruf, in dem ausgebildet wird. ____________________

Der Ort, an dem sich der Betrieb befindet. ____________________

Der Ort, an dem die Ausbildung durchgeführt wird. ____________________

Tage, an denen normalerweise gearbeitet wird. ____________________

Tage, an denen tatsächlich gearbeitet wird. ____________________

Der vereinbarte Lohn für die geleistete Arbeit. ____________________

Das Recht auf arbeitsfreie Erholungszeit. ____________________

Die Vergütung, von der Steuern und Sozialbeiträge abgezogen werden. ____________________

Die rechtliche Beziehung zwischen Auszubildenden und Ausbildenden.

____

Die Regelung der Rechte und Pflichten der Auszubildenden und Ausbildenden.

____

Verschiedene Tätigkeiten, die der Ausbildung dienen.

____

2 Beantworte die Fragen zu Magdalenas Ausbildung.

A Wie heißt der Ausbildungsbetrieb? ____________________

B Wie lange dauert die Ausbildung? ____________________

C An welchem Tag beginnt das zweite Ausbildungsjahr? ____________________

D Wie viele Tage Urlaub hat Magdalena im Jahr 2012? ____________________

E Wie lang ist die Probezeit? ____________________

F Wer muss den Ausbildungsvertrag unterschreiben?

____

____

____

G An welchen Orten findet die Ausbildung statt?

____

Berufsausbildungsvertrag

(§§ 10, 11 Berufsbildungsgesetz – BBiG)

IHK

Blatt 1 – Auszubildende(r)

Zwischen dem/der Ausbildenden (Ausbildungsbetrieb)

KNR	Firmenident-Nr.	Tel.-Nr.

Anschrift des/der Ausbildenden
Hotel Sonne

Straße, Hausnummer
Parkstraße 16

PLZ / Ort
56075 Koblenz

E-Mail-Adresse des/der Ausbildenden
chefkoch@hotel-sonne-koblenz.de

Verantwortlicher Ausbilder
Herr
Adrian Schaller

und der/dem Auszubildenden männlich [ ] weiblich [X]

Name: Müller
Vorname: Magdalena

Straße, Hausnummer
Mühlenstraße 35

PLZ / Ort
56072 Koblenz

Geburtsdatum
16.06.1996

Staatsangehörigkeit: Deutsch
Gesetzliche Vertreter [1]: Eltern

Namen, Vornamen der gesetzlichen Vertreter
Manfred und Susanne Müller

Straße, Hausnummer
Mühlenstraße 35

PLZ / Ort
56072 Koblenz

wird nachstehender Vertrag zur Ausbildung im Ausbildungsberuf mit der Fachrichtung/dem Schwerpunkt/dem Wahlbaustein etc. nach Maßgabe der Ausbildungsordnung [2] geschlossen.
Köchin
—

Zuständige Berufsschule
Julius-Wegeler-Schule

A Die Ausbildungszeit beträgt nach der Ausbildungsordnung 36 Monate.
Die vorausgegangene Berufsausbildung/Vorbildung:
Schulausbildung

wird mit 0 Monaten angerechnet bzw. es wird eine entsprechende Verkürzung beantragt.

Das Berufsausbildungsverhältnis
beginnt am 01.09.2012 endet am 31.08.2015

B Die Probezeit (§ 1 Nr. 2) beträgt 3 Monate.[3]

C Die Ausbildung findet vorbehaltlich der Regelungen nach D (§ 3 Nr. 12) in

Straße: Parkstraße 16
PLZ, Ort: 56075 Koblenz

und den mit dem Betriebssitz für die Ausbildung üblicherweise zusammenhängenden Bau-, Montage- und sonstigen Arbeitsstellen statt.

D Ausbildungsmaßnahmen außerhalb der Ausbildungsstätte (§ 3 Nr. 12) (mit Zeitraumangabe)
Lehrgang: Italienische Hauptspeisen, Hamburg

E Der/die Ausbildende zahlt dem/der Auszubildenden eine angemessene Vergütung (§ 5); diese beträgt zur Zeit monatlich brutto

EUR	517,00	589,00	660,00	
im	ersten	zweiten	dritten	vierten

Ausbildungsjahr.

F Die regelmäßige Ausbildungszeit in Stunden beträgt täglich [4] 8,00 und/oder wöchentlich 40,00

G Der/die Ausbildende gewährt dem/der Auszubildenden Urlaub nach den geltenden Bestimmungen. Es besteht ein Urlaubsanspruch.

Im Jahr	2012	2013	2014	2015	2016
Werktage					
Arbeitstage	9,00	26,00	26,00	17,00	

H Sonstiges, Hinweise auf anzuwendende Tarifverträge und Betriebsvereinbarungen.
keine

J Die beigefügten Vereinbarungen sind Gegenstand dieses Vertrages und werden anerkannt.

Koblenz, den 16.06.2012
Ort, Datum

Der/die Ausbildende:

Stempel und Unterschrift

Der/die Auszubildende:

X
Vor- und Familienname

Die gesetzlichen Vertreter des/der Auszubildenden:

X
Vater und Mutter/Vormund

Änderungen des wesentlichen Vertragsinhaltes sind vom Ausbildenden unverzüglich zur Eintragung in das Verzeichnis der Berufsausbildungsverhältnisse bei der Industrie- und Handelskammer anzuzeigen.

Die beigefügten Angaben zur sachlichen und zeitlichen Gliederung des Ausbildungsablaufs (Ausbildungsplan) sind Bestandteil dieses Vertrages.

[1] Vertretungsberechtigt sind beide Eltern gemeinsam, soweit nicht die Vertretungsberechtigung nur einem Elternteil zusteht. Ist ein Vormund bestellt, so bedarf dieser zum Abschluss des Ausbildungsvertrages der Genehmigung des Vormundschaftsgerichtes.
[2] Solange die Ausbildungsordnung nicht erlassen ist, sind gem. § 104 Abs. 1 BBiG die bisherigen Ordnungsmittel anzuwenden.
[3] Die Probezeit muss mindestens einen Monat und darf höchstens vier Monate betragen.
[4] Das Jugendarbeitsschutzgesetz sowie für das Ausbildungsverhältnis geltende tarifvertragliche Regelungen und Betriebsvereinbarungen sind zu beachten.

Fehler finden

Merkwissen

Bewerbungsschreiben müssen **fehlerlos** sein. Daher ist es wichtig, die **Rechtschreibung** und **Zeichensetzung** genau zu überprüfen.

Du übst Wörter und Wortgruppen, die in Bewerbungsschreiben häufig vorkommen.

1 **a.** Sieh dir die Wörter oder Wortgruppen genau an.
b. Präge dir jeweils ein Wort oder eine Wortgruppe ein.
c. Decke das Wort oder die Wortgruppe auf der linken Seite ab.
d. Schreibe die eingeprägten Wörter oder Wortgruppen rechts auf.

Sehr geehrte Damen und Herren,	
ich habe erfahren, dass	
im nächsten Jahr	
der/die Auszubildende	
interessieren – das Interesse	
der Ausbildungsplatz	
voraussichtlich, intensiv	
der Hauptschulabschluss	
der mittlere Schulabschluss	
informieren – die Information	
das Zeugnis – die Zeugnisse	
das Vorstellungsgespräch	
Mit freundlichen Grüßen	

Du schreibst Anredepronomen groß und beachtest die Zeichensetzung.

2 Welche fünf Pronomen vom Rand musst du in einem Bewerbungsschreiben großschreiben, wenn du sie als Anrede verwendest?
Schreibe diese fünf Anredepronomen in Großschreibung auf.

Ihre, ______________________________

~~ihre~~, deine, dein, ihnen, mein, ihrem, ich, du, sie, ihr, meine, wir, eure, euren, unsere

3 Welche besonderen Zeichensetzungsregeln musst du in Briefen beachten?
Schreibe Regeln zu den folgenden Stellen im Brief in Stichworten auf.

Betreffzeile: ______________________________

Anrede: ______________________________

Grußformel: ______________________________

➤ Die Arbeitstechnik „Einen offiziellen Brief schreiben“ findest du in der hinteren Klappe.

Du überarbeitest ein fehlerhaftes Bewerbungsschreiben.

4 **a.** Lies das Bewerbungsschreiben. Kontrolliere dabei die Rechtschreibung.
b. Markiere sechs Rechtschreibfehler und drei Zeichensetzungsfehler.
c. Schreibe die sechs fehlerhaften Wörter am Rand richtig auf.
d. Notiere am Rand, welche Zeichen fehlen oder zu viel sind.

Udo Mustermann,
Auf der Wiese 43
87111 Kühldorf

24. 06. 2012

Achtung: Fehler!

Vereinigte Autohäuser
– Personalabteilung –
Schweizer Landstraße 11
84746 Motorstadt

Bewerbung um einen Ausbildungsplats als Bürokaufmann !

Sehr gehrte Damen und Herren !!

bei der Argentur für Arbeit in Münster habe ich erfahren, dass Ihre Firma !
auch im nächsten Jahr Auszubildende einstellt.
Daher bewerbe ich mich hiermit bei ihnen um einen Ausbildungsplatz !
als Bürokaufmann.
Zurzeit besuche ich die Klasse 9 c der Konrad-Adenauer-Schule in Münster !
die ich voraussichtlich im Sommer 2013 mit dem mittleren Bildungsabschluss
verlassen werde.
Durch Schriften der Berufsberatung und durch meinen Freund, der sich
bei Ihnen im zweiten Ausbildungsjahr befindet, habe ich mich intensif !
über den Beruf des Bürokaufmanns und Ihre Firma informiert.
Über eine Einladung zu einem Vorstellungsgespräch würde ich mich sehr
freuen.
Meinen Lebenslauf sowie die Kopie meines lezten Zeugnisses füge ich bei. !

Mit freundlichen Grüßen. !

Udo Mustermann

Anlagen: Lebenslauf, Zeugnis

5 Schreibe das Bewerbungsschreiben fehlerfrei auf ein Blatt Papier.
- Halte die üblichen Abstände ein und schreibe so ordentlich wie möglich.
- Fange auf einem neuen Blatt von vorne an, wenn du einen Fehler machst.

Tipp: Sei geduldig und ärgere dich nicht, wenn du mehrere Versuche benötigst.

Z **6** Welche Besonderheit gilt für den Satz nach der Anrede in einem Brief? Ergänze die Regel.

Den ersten Satz nach der Anrede schreibt man am Anfang ______________.

Fremdwörter

Merkwissen

Viele Fremdwörter haben typische Buchstaben oder Buchstabenkombinationen, z. B.:

y	das **Sy**stem,	**ph**	das Al**ph**abet,
c	der **C**lown,	**rh**	das **Rh**euma,
ch	das **Ch**aos,	**th**	die **Th**eke

1 **a.** Lies die Fremdwörter.
b. Ordne die Fremdwörter in die Tabelle ein.
Tipp: Zwei Wörter trägst du in zwei Spalten ein.

der Zylinder, die Creme, groggy, der Chor, der Dynamo, der Container, der Typ, die Chronik, die Pyramide, das Cockpit, der Physiker, die Cholera, das System, clever, das Symbol, der Charakter, die City, der Campingplatz, das Chrom, die Party, der Carport, die Story, das Casting, der Pyjama, das Chlor, die Analyse, die Gymnastik, die Chance, der Cousin, der Chef, der Zyklus, zynisch, die Chemie, der Zyklon

Fremdwörter mit y	Fremdwörter mit c	Fremdwörter mit ch
der Zylinder,		

2 Ergänze die Sätze mit passenden Fremdwörtern von dieser Seite.

Sängerinnen und Sänger singen oft in einem ______________________.

Riesige und sehr alte ____________________ stehen am Nil.

Die ____________________ ist eine schwere Krankheit.

Am Samstagabend sind wir auf eine __________ eingeladen.

3 Erkläre die Bedeutung dieser Fremdwörter. Schreibe in dein Heft.
Du kannst Wörterbücher, Lexika oder das Internet nutzen.

groggy, der Dynamo, der Container, die Chronik, clever, das Symbol, der Pyjama, die Analyse, der Zyklus, der Zyklon

4 **a.** Markiere in den Fremdwörtern die typischen Buchstaben **ph**, **rh** und **th**. Verwende möglichst drei unterschiedliche Farben.
b. Ordne die Fremdwörter in eine Tabelle in deinem Heft.

der Prophet, das Rheuma, die Apotheke, das Labyrinth, die Thermosflasche, die Methode, die Atmosphäre, das Alphabet, die Sympathie, das Rhinozeros, die Phase, die Strophe, der Athlet, die Bibliothek, das Theater, das Thermometer, der Rhythmus, der Paragraph*, die Katastrophe, die Rhetorik, die Theke, der Thron

Starthilfe

Fremdwörter mit ph	Fremdwörter mit rh	...
der Prophet, ...	...	...

5 **a.** Markiere im Text die Fremdwörter mit **ph**, **rh** und **th**.
b. Schreibe den Text in dein Heft.

Ist Sport gesund?

In letzter Zeit klagen immer mehr Hochleistungssportler über gesundheitliche Probleme. Viele Athleten sind Stammgäste bei Ärzten und Apotheken. Die Sportler klagen zum Beispiel über Rheuma oder andere Erkrankungen des Bewegungsapparates. Deswegen müssen sie den gewohnten Rhythmus ihrer Übungen unterbrechen, was natürlich zu Leistungsabfall führt. Daher ändern sie gern die Trainingsmethoden und beobachten ängstlich ihren Körper, indem sie täglich mit einem Thermometer die Temperatur messen. Auch informieren sie sich in Bibliotheken über weitere Möglichkeiten, die Katastrophe zu vermeiden, die da heißt: Schluss mit dem Hochleistungssport.

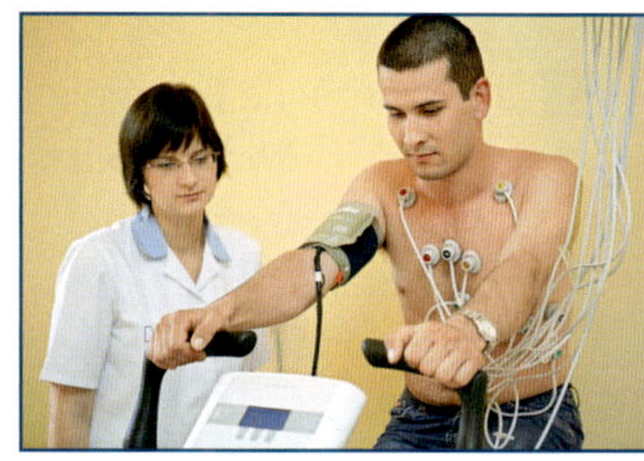

6 Ordne den Erklärungen passende Fremdwörter mit **ph**, **rh** oder **th** zu. Schreibe die Fremdwörter mit den Artikeln auf. Du kannst Wörterbücher, Lexika oder das Internet nutzen.

Beschwerden am Bewegungsapparat – ______

ein Laden, der Arzneimittel herstellt und verkauft – ______

Bücherei – ______

ein Messgerät zur Bestimmung der Temperatur – ______

ein schreckliches Unglück – ______

ein Sportler – ______

7 Erkläre die Fremdwörter mit deutschen Wörtern oder Wortgruppen. Du kannst Wörterbücher, Lexika oder das Internet nutzen.

das Labyrinth – ______

die Atmosphäre – ______

die Rhetorik – ______

die Sympathie – ______

Z **8** Schreibe mit drei der Fremdwörter jeweils einen Satz in dein Heft.

* Wort, das statt mit ph auch mit f geschrieben werden kann

Zusammen- und Getrenntschreibung

Wenn zwei zusammenstehende Wörter eine neue Bedeutung ergeben, werden diese Wortgruppen meist zusammengeschrieben.

Merkwissen

Wortgruppen aus **Adjektiv** + **Verb** werden **zusammengeschrieben**, wenn eine **neue (übertragene) Gesamtbedeutung** gemeint ist.

Zusammenschreibung: Wir konnten nicht alle Probleme lösen, einige Fragen mussten **offenbleiben**.
⟶ **übertragene Bedeutung:** Einige Fragen konnten nicht gelöst werden.

Getrenntschreibung: Das Fenster soll **offen bleiben**.
⟶ **direkte Bedeutung:** Das Fenster soll nicht geschlossen werden.

1 **a.** Ergänze die Sätze richtig mit passenden Wörtern vom Rand.
- Prüfe jeweils, ob das Verb oder die Wortgruppe in dem Satz eine übertragene Bedeutung hat.

b. Schreibe mit vier Beispielen vom Rand je zwei eigene Sätze in dein Heft. Verwende einmal die übertragene und einmal die direkte Bedeutung.

____________ wir jetzt eine Postkarte an unsere Freundin.

Das Wort „schwarzärgern" muss man immer ____________.

Achte genau auf die Temperatur, damit der Versuch nicht ____________.

Herr Meier hat solche Rückenschmerzen, dass er ganz ____________.

Kannst du das Dessert bitte auf dem Balkon ____________?

Wir müssen den Linksaußen immer ablaufen, damit wir ihn ____________.

Warum muss er seine Hausaufgaben nur immer so ____________?

Wieso muss sie ihre Lehrerin nur immer so ____________?

Die nächsten Hausaufgaben will ich besonders ____________.

Die Beleidigung kannst du mit einem Kompliment wieder ____________.

Du musst nicht immer deine misslungenen Versuche ____________.

Wenn ihm ein Gespräch wichtig ist, kann er wirklich ____________.

Die Richterin wird den Angeklagten bestimmt nicht ____________.

Als Anwalt muss man ohne Manuskript ____________ können.

zusammenschreiben / zusammen schreiben

schiefgehen / schief gehen

kaltstellen / kalt stellen

schlechtmachen / schlecht machen

gutmachen / gut machen

schönreden / schön reden

freisprechen / frei sprechen

Merkwissen

Aus Wortgruppen entstehen Zusammensetzungen.
Zum Beispiel: **scharf wie ein Messer – messerscharf**

2 **a.** Bilde aus den Wortgruppen Zusammensetzungen.
b. Schreibe mit jeder Zusammensetzung einen eigenen Satz in dein Heft.

mehrere Jahre lang – ____________ tätig im Beruf – ____________

vor Freude strahlend – ____________ von Angst erfüllt – ____________

beständig gegen Hitze – ____________ weich wie Butter – ____________

Wenn Wortgruppen aus Nomen + Verb oder Verb + Verb nominalisiert werden, schreibst du sie zusammen.

3 **a.** Markiere im Text die getrennt geschriebenen Wortgruppen aus **Nomen** + **Verb** und **Verb** + **Verb**.
b. Schreibe den Text in dein Heft.

Ich möchte im Urlaub nicht auch noch Auto fahren, sondern lieber spazieren gehen, Tennis spielen oder Fahrrad fahren. Darum können wir eigentlich gleich mit dem Zug fahren, bevor wir mit dem Auto noch im Stau stecken bleiben. Im Zug kann man außerdem Leute kennen lernen, Eis essen und muss nicht die ganze Zeit sitzen bleiben. Und wir müssen keine Angst haben, dass wir den Vermieter der Ferienwohnung zu lange warten lassen.

Merkwissen

Aus **Nomen** + **Verb** entsteht ein **zusammengesetztes Nomen**, wenn die Wörter **das**, **zum**, **beim** und **vom** davor stehen. Zum Beispiel: Heute gehe ich **Fußball spielen**. **Das Fußballspielen** macht mir Freude.

4 **a.** Bilde mit den Wortgruppen **Nomen** + **Verb** aus Aufgabe 1 zusammengesetzte Nomen. Verwende die Wörter **das**, **zum**, **beim** und **vom**.
b. Bilde auch mit den Wortgruppen vom Rand zusammengesetzte Nomen.

das Autofahren, ______________________

____

____

____

Schlange stehen,
Motorrad fahren,
Ski laufen,
Maß halten,
Feuer fangen,
Handball spielen,
Schlittschuh laufen

Merkwissen

Aus **Verb** + **Verb** entsteht ein **zusammengesetztes Nomen**, wenn die Wörter **das**, **zum**, **beim** und **vom** davor stehen. Zum Beispiel: Ihr werdet mich **kennen lernen**. **Beim Kennenlernen** stellt man sich vor.

5 **a.** Bilde mit den Wortgruppen **Verb** + **Verb** aus Aufgabe 1 zusammengesetzte Nomen. Verwende die Wörter **das**, **zum**, **beim** und **vom**.
b. Bilde auch mit den Wortgruppen vom Rand zusammengesetzte Nomen.

beim Spazierengehen, ______________________

____

____

stehen bleiben,
fallen lassen,
liegen lassen,
lesen üben

6 Entscheide die Zusammen- oder Getrenntschreibung der Wortgruppen vom Rand.

Werte Gäste,

unser Sporthotel bietet Ihnen viele Möglichkeiten der Freizeitgestaltung.

Auf dem See können Sie im Winter ______________________. Auf unserem Hausberg ist auch das ______________________ möglich.

Im Sommer lädt unser gepflegter Rasenplatz zum ______________________ ein und auf vier Sandplätzen können Sie ______________________.

Schlittschuh/laufen
Ski/laufen
Fußball/spielen
Tennis/spielen

Großschreibung

Merkwissen

Zusammengesetzte Nomen werden **großgeschrieben**.
Die Wörter **das**, **beim**, **zum** machen 's.

Nomen + Verb:	Rad fahren	– beim Radfahren
Verb + Verb:	spazieren gehen	– zum Spazierengehen
Adjektiv + Verb:	geheim halten	– das Geheimhalten

1 Bilde Nominalisierungen und ordne sie in die Tabelle ein.
Tipp: Achte auf die Wörter **das**, **beim**, **zum** und **vom**.

Auto fahren, geduldig bleiben, baden gehen, Rad fahren, richtig machen, joggen gehen, Angst haben, sitzen bleiben, übrig bleiben, essen gehen, Feuer fangen, schnell fahren, schreiben lernen, Maß halten, auswendig lernen, Schlange stehen, tanzen üben, klein schneiden

Nominalisierungen aus ...

Nomen + Verb	Verb + Verb	Adjektiv + Verb
das Autofahren, ____	beim Badengehen, ____	____
____	____	____
____	____	____
____	____	____
____	____	____

2 Schreibe mit drei zusammengesetzten Nomen jeweils einen eigenen Satz auf. Verwende dafür ein Nomen aus jeder Spalte der Tabelle.

____

____

____

____

____

____

3 Zusammen oder getrennt? Groß oder klein?
Entscheide die Schreibung der Wortgruppen vom Rand.

Auto/fahren (2x)
baden/gehen
Schlange/stehen
Eis/essen
schnell/fahren

Manchen Menschen wird vom ____________ schlecht.

Beim ____________ muss man sich permanent konzentrieren.

Bei Regen habe ich zum ____________ keine Lust.

Ich langweile mich beim ____________ an der Supermarktkasse.

Wir gehen zum ____________ in die Eisdiele.

Im Straßenverkehr ist das ____________ mit dem Rad gefährlich.

Merkwissen

Verben werden **großgeschrieben**, wenn ...
... ein **Artikel** davorsteht, z. B.: Lustig klang **das Lachen**.
... ein **Attribut** davorsteht, z. B.: Manchmal stört **lautes Lachen**.

4 Entscheide, ob die Wörter großgeschrieben werden.
Schreibe die Wortgruppen richtig auf die Linien.

r/Rad f/Fahren ____________________

das r/Radfahren ____________________

r/Riskantes f/Fahren ____________________

das r/Riskante f/Fahren ____________________

5 **a.** Markiere im Text alle nominalisierten Verben.
b. Ordne die markierten Nominalisierungen in die Tabelle ein.
c. Ergänze in jeder Spalte der Tabelle drei Nominalisierungen.
d. Schreibe den Text in dein Heft.

Alternativen zum Autofahren

Im Straßenverkehr wird oft zu schnell und zu unvorsichtig gefahren. Schnelles Fahren führt häufig zu gefährlichen Situationen und manche Fahrer wissen sich nur durch lautes Hupen zu helfen. Dabei könnte alles so einfach sein. Das Autofahren ist nicht immer nötig. Kurze Strecken kann man mit dem Fahrrad fahren und es soll sogar Bürger geben, die das Einkaufen zu Fuß erledigen. Ausdauerndes Gehen ist nämlich gesund. Mein Vater sagt immer: „Gehen ist gut für den Körper. Sag mal, wohin soll ich heute laufen? Ich kenne hier schon jeden Baum!"

Artikel + Verb	**Attribut + Verb**
	schnelles Fahren,

6 Schreibe mit den Nominalisierungen jeweils einen eigenen Satz.

das Busfahren ____________________

____

langes Stehen ____________________

____

das Lernen ____________________

____

leises Sprechen ____________________

____

Das kann ich! – Fehler finden, Fremdwörter

Punkte

1 Ergänze den Merksatz. ☐ /1 Punkt

Bewerbungsschreiben müssen ______________ sein.

2 Ergänze die Betreffzeile, die Anrede und die Grußformel für ein Bewerbungsschreiben um einen Ausbildungsplatz als Altenpfleger. ☐ /6 Punkte

Betreff: ____

Anrede: ____

Grußformel: ____

3 **a.** Lies das Bewerbungsschreiben. Kontrolliere dabei die Rechtschreibung. ☐ /9 Punkte
b. Markiere sechs Rechtschreibfehler und drei Zeichensetzungsfehler. ☐ /6 Punkte
c. Schreibe die sechs fehlerhaften Wörter am Rand richtig auf. ☐ /3 Punkte
d. Notiere am Rand, welche Zeichen fehlen oder zu viel sind.

Achtung: Fehler!

Bewerbung um einen Ausbilldungsplatz als Tischlerin !

Sehr geehrte Damen und Herren !

schon lange ist es mein Wunsch, Tischlerin zu werden. Von klein auf habe
ich meinem Vater bei Reparaturen und Renovierungsarbeiten geholfen und
dabei bereits viel über Werkzeuge und Materialien gelernt. Ich interesiere !
mich besonders für die Herstellung von Möbeln aus Massivholz. Deshalb
bewerbe ich mich bei ihnen, weil ich erfahren habe das Sie bevorzugt !!!
Massivmöbel in Handarbeit herstellen.
Zurzeit besuche ich die 9. Klasse der Heinrich-Böll-Schule in Hamm.
Vorausichtlich werde ich dort im Sommer nächsten Jahres den mittleren !
Schulabschluss machen.
Zu meinen Hobbys zählt neben dem Basteln und Werken auch der Sport.
Ich spiele in der Jugend der Handballabteilung des TSV Hamm.
Über eine Einladung zu einem Vorstelungsgespräch würde ich mich sehr !
freuen.

Mit freundlichen Grüßen! !

4 Schreibe das Bewerbungsschreiben fehlerfrei auf ein Blatt. ☐ /9 Punkte

5 Ergänze die Sätze mit passenden Fremdwörtern vom Rand. ☐ /6 Punkte

Die Lufthülle der Erde nennt man ______________.

Mit dem ______________ bestimmt man die Temperatur.

Das Nashorn wird auch ______________ genannt.

Ein schreckliches Unglück ist eine ______________.

In der ______________ kann man Bücher ausleihen.

Die Abschnitte eines Gedichts nennt man ______________.

das Rhinozeros,
die Strophe,
die Atmosphäre,
die Katastrophe,
das Thermometer,
die Bibliothek

Gesamtpunktzahl: ☐ /40 Punkte

Das kann ich! – Zusammen- und Getrenntschreibung, Großschreibung

Punkte

1 Ergänze den Merksatz zur Zusammenschreibung. /4 Punkte

Aus den getrennt geschriebenen Wortgruppen **Nomen** + **Verb** und **Verb** + **Verb** werden ____________ Nomen. Die Wörter ________, ________, ________ und ________ machen's.

2 Entscheide im Text die Zusammen- oder Getrenntschreibung. / 10 Punkte

In unserer Gesellschaft gewinnt die Geschwindigkeit der Fortbewegung eine immer größere Bedeutung. Sehr langsam ist das ____________ (spazieren/gehen). Etwas eiligere Zeitgenossen können mit dem ____________ (Fahrrad/fahren). Favorit ist nach wie vor das ____________ (Auto/fahren), obwohl man oft in einem Stau zum Warten gezwungen wird. Dann hört man die Fahrer manchmal fluchen: „Ach, wäre ich doch bloß mit dem ____________ (Zug/gefahren) oder gleich mit dem ____________ (Flugzeug/geflogen)."

3 **a.** Bilde aus den Wortgruppen Zusammensetzungen. /4 Punkte
b. Schreibe mit jeder Zusammensetzung einen Satz in dein Heft. /4 Punkte

mehrere Jahre lang - ____________ tätig im Beruf - ____________

von Leid erfüllt - ____________ weich wie Butter - ____________

4 Ergänze den Merksatz zur Großschreibung. /2 Punkte

Verben werden nominalisiert und großgeschrieben, wenn ein ____________ oder ein ____________ davorsteht.

5 Entscheide die Großschreibung und die Zusammenschreibung. /6 Punkte

Taifur konnte bereits früh ____________ (Fahrrad/fahren).
Beim ____________ (spazieren/gehen) ist er oft gestolpert.
Deshalb möchte er unbedingt ____________ (Auto/fahren), wenn er 18 ist, denn das lange ____________ (s/Stehen) im Bus ist unbequem.
Aber zur Not kann er ____________ (l/Laufen), meinen seine Eltern.
Denn das riskante und schnelle ____________ (f/Fahren) ist ihnen zu gefährlich.

Gesamtpunktzahl: /30 Punkte

Kommasetzung

Du übst, Kommas in Satzgefügen richtig zu setzen.

Merkwissen

In einem **Satzgefüge** werden **Nebensätze** (Ns) vom **Hauptsatz** (Hs) durch **Komma** abgetrennt. Am Anfang des Nebensatzes steht häufig eine Konjunktion (**als**, **da**, **weil**, **wenn**, **dass**, **obwohl**, **nachdem**), z. B.:
Gestern hatten wir hitzefrei, **weil** es über 30 Grad warm war.
Hs Ns

Obwohl es abends sehr schwül war, gab es kein Gewitter.
Ns Hs

1 **a.** Setze in den Satzgefügen die fehlenden Kommas.
b. Kreise die Konjunktion ein und markiere das Komma.
c. Unterstreiche die Nebensätze einmal und die Hauptsätze zweimal.

Als das Praktikum begann, musste Irina morgens um 06:00 Uhr aufstehen.

Da der Wecker nicht klingelte wachte sie zu spät auf.

Sie rannte zum Bus weil sie verschlafen hatte.

Der erste Praktikumstag machte Irina Spaß obwohl sie zu spät kam.

Wenn das Praktikum beendet ist will Irina ihren Berufswunsch überdenken.

2 Der folgende Text enthält sechs Satzgefüge.
a. Kreise die Konjunktionen ein und markiere das Komma.
b. Unterstreiche die Nebensätze einmal und die Hauptsätze zweimal.
c. Schreibe den Text in dein Heft.

Im Berufsinformationszentrum (BiZ)

Weil die Schülerinnen und Schüler im 9. Schuljahr ihre Zukunft planen müssen, besucht die Klasse das BiZ. Nachdem sie den Vortrag des Berufsberaters gehört haben, informieren sich die Schüler an verschiedenen Stationen. Nadine möchte weiter zur Schule gehen, denn sie hat in den Hauptfächern gute Noten. Max möchte eine Ausbildung machen, falls er den Zugang zur Klasse 10 b nicht schafft. Bevor er sich entscheidet, wartet er das nächste Zeugnis ab. Achmed ist Optimist. Er glaubt, dass ihm alle Türen offen stehen.

3 **a.** Schreibe eigene Satzgefüge mit den Konjunktionen vom Rand. Stelle den Nebensatz einmal nach hinten und einmal nach vorn.
b. Kreise die Konjunktion ein und markiere das Komma.

während, wenn, als

Während meine Mutter noch schlief, machte ich das Frühstück.

Ich machte das Frühstück, während meine Mutter noch schlief.

Auch Relativsätze werden durch Komma vom Hauptsatz getrennt.

Merkwissen

Relativsätze sind **Nebensätze, die sich** meist **auf ein vorangehendes Nomen** beziehen. Sie werden immer vom Hauptsatz durch ein **Komma** abgetrennt und durch ein Relativpronomen (z. B. **der, die, das**) eingeleitet, z. B.: Wir gratulieren **dem Bürgermeister**, **der** heute Geburtstag hat.

4 **a.** Setze in den Satzgefügen das Komma vor dem Relativsatz.
b. Umkreise die Relativpronomen.
c. Unterstreiche die Relativsätze.
d. Markiere im Hauptsatz das Nomen, das durch den Relativsatz erklärt wird.

In unserer Stadt gibt es viele Sportstätten, die auf dem neuesten Stand sind.

Besonders modern ist das Fußballstadion das sogar eine Rasenheizung hat.

Für etwa 40 000 Zuschauer gibt es Sitzplätze die überdacht sind.

Neben dem Stadion gibt es einen Parkplatz der 4000 Pkws Platz bietet.

Neben dem Stadion steht eine Mehrzweckhalle die 10 000 Zuschauer fasst.

5 **a.** Setze im Text die Kommas vor den Relativsätzen.
b. Umkreise die Relativpronomen.
c. Unterstreiche die Relativsätze.
d. Schreibe den Text in dein Heft.

Sehenswürdigkeiten

Der Stadtführer erzählt einer Reisegruppe, die gerade angekommen ist:
Meine Damen und Herren, wir stehen gerade vor dem historischen Rathaus das in den Jahren 1613–1620 erbaut wurde. Beachten Sie bitte an dieser Eichentür die Schnitzereien die von einem alten Meister eingearbeitet wurden. Wir gehen nun weiter zu der Schule im Ortskern. Hier wurden vor über 500 Jahren die Kinder unterrichtet die aus reichen Bürgerfamilien kamen. Im Hintergrund befindet sich ein alter Brunnen der im Original erhalten ist.

Ein Relativsatz kann auch in den Hauptsatz eingeschoben sein.
Dann setzt du zwei Kommas – vor und hinter dem Relativsatz.

6 **a.** Setze in den Satzgefügen das Komma vor dem Relativsatz.
b. Umkreise die Relativpronomen.
c. Unterstreiche die Relativsätze.
d. Markiere im Hauptsatz das Nomen, das durch den Relativsatz erklärt wird.

Dieser Weg, der in den Wald führt, ist viel älter als alle Straßen hier.

Mitten im Wald der vor allem aus Kiefern besteht steht eine sehr alte Eiche.

Die Bauern die gegen den Fürsten aufstanden trafen sich an dieser Eiche.

Auf der Plakette die am Baum befestigt ist stehen die Namen der Bauern.

Auch Infinitivsätze werden durch Komma vom Hauptsatz getrennt.

Merkwissen

Infinitivsätze enden mit einem **Infinitiv mit zu**. Infinitivsätze werden immer vom Hauptsatz durch ein **Komma** abgetrennt. Infinitivsätze beginnen häufig mit den Signalwörtern **um**, **ohne**, **anstatt**, z. B.:
Ohne nach links und rechts **zu sehen**, überquerte er die Straße.
Er überquerte die Straße, **um** seinen Nachbarn **zu begrüßen**.

7 **a.** Setze in den Satzgefügen das Komma vor oder nach dem Infinitivsatz.
b. Unterstreiche die Infinitivsätze.
c. Umkreise die Signalwörter **um**, **ohne** oder **anstatt**.
d. Markiere den **Infinitiv mit zu**.

Um pünktlich zum Vorstellungsgespräch zu gelangen, muss man rechtzeitig aufstehen.

Anstatt mit mir zu telefonieren könntest du mir auch eine SMS senden.

Sie antwortete einfach ohne gefragt worden zu sein.

8 Ergänze passende **Infinitive mit zu** vom Rand und setze die Kommas.

Sie ging nach Hause ohne sich ______

Anstatt die Ankunft des verspäteten Zuges ______ verließ er den Bahnhof.

Um sich in Englisch ______ besuchte sie einen Abendkurs.

fortzubilden,
abzuwarten,
umzudrehen

9 Setze passende Hauptsätze und Infinitivsätze zusammen.
a. Schreibe Satzgefüge mit dem Infinitivsatz am Ende auf.

Hauptsätze	**Wortgruppen für Infinitivsätze**
Er wollte zu Fuß gehen. Sie schimpfte auf ihre Mitschüler. Wir benötigen viel Zeit.	um die Klassenfahrt vorzubereiten ohne sich hinterher zu entschuldigen anstatt den Bus zu nehmen

______

______

______

b. Schreibe Satzgefüge mit dem Infinitivsatz am Anfang auf.

Wortgruppen für Infinitivsätze	**Hauptsätze**
um sich für die Feier umzuziehen anstatt auf den Preis zu achten ohne zu zögern	Sie nahm den Heiratsantrag an. Er kaufte sich das teuerste Handy. Nach der Arbeit ging er nach Hause.

______

______

______

Das kann ich! – Kommasetzung

Punkte

1 Ergänze die Merksätze. /5 Punkte

In einem **Satzgefüge** werden ________________ (Ns) vom **Hauptsatz** (Hs)

durch ________________ abgetrennt.

____________________ sind **Nebensätze**, die sich meist **auf ein vorangehendes Nomen** beziehen. Sie werden vom Hauptsatz durch ein **Komma** abgetrennt.

____________________ enden auf einen **Infinitiv mit zu**. Infinitivsätze

werden vom Hauptsatz durch ein ________________ abgetrennt.

2 Setze in den Satzgefügen die Kommas, umkreise die Konjunktionen und unterstreiche die Nebensätze. /12 Punkte

Die Geschäfte haben geschlossen weil heute Sonntag ist.

Obwohl Kerstin zu spät aufstand hat sie den Bus noch erwischt.

Meine Eltern vermuten dass ich mich nicht gut auf den Test vorbereitet habe.

Als die Sonne unterging wurde es sehr rasch dunkel.

3 Setze die Kommas, umkreise die Relativpronomen und markiere das Nomen, das durch den Relativsatz erklärt wird. /9 Punkte

Der Skispringer steht oben auf der Schanze die im letzten Jahr renoviert wurde.

Dirk nimmt für den Ausflug sein altes Fahrrad das schon etwas rostig ist.

Ich gehe mit unserem Hund spazieren der ein Boxermischling ist.

4 Setze in jedem Satz zwei Kommas, umkreise das Relativpronomen und markiere das Nomen, das durch den Relativsatz erklärt wird. /12 Punkte

Das Skateboard das so bunt angemalt ist gehört Petra.

Der Film der in unserem Viertel gedreht wurde läuft jetzt in den Kinos.

Die Klasse 9 b die ihr Projekt vorgestellt hat hat eine nette Klassenlehrerin.

5 Setze die Kommas und markiere die **Infinitive mit zu**. /12 Punkte

Das Bewerbungsgespräch

Oft wird man direkt zu einem Bewerbungsgespräch eingeladen ohne vorher einen Eignungstest zu machen. Der Personalchef stellt den Bewerbern viele Fragen um einen Eindruck von der Person zu gewinnen. Auf Fragen zum Interesse an dem Beruf sollte man vorbereitet sein anstatt ein peinliches Schweigen zu riskieren. Ohne zu zögern sollte man möglichst alle Fragen beantworten.

Gesamtpunktzahl: /50 Punkte

Wortart: Verb

Wiederholung: Präsens, Präteritum und Plusquamperfekt

In geschichtlichen Texten begegnen dir besonders oft die Zeitformen Präsens, Präteritum und Plusquamperfekt.

1 **a.** Markiere im Text die sieben Verben vom Rand.
b. Ergänze in der Randspalte, in welcher Zeitform die Verben stehen.

hört, denkt, hilft
Zeitform: ____________

war, kehrte, bestand, trugen
Zeitform: ____________

Der Sesselträger – Teil 1

Wenn man heute das Wort Sesselträger hört, so denkt man möglicherweise an den nächsten Umzug und die Person, die beim Transport der Möbel hilft. Doch der Sesselträger war nicht für Umzüge zuständig, sondern so etwas wie das Taxi des 17. Jahrhunderts. Zu dieser Zeit kehrte die Sänfte auf Europas Straßen zurück. Sie bestand aus einer geschlossenen Kabine. An den seitlich angebrachten Stangen trugen zwei Sesselträger sie durch die Stadt.

2 Ergänze im Text passende Zeitformen der Verben vom Rand.
Die grün gedruckten Verben musst du im Plusquamperfekt ergänzen.
Tipp: Bei zwei Verben musst du die Vorsilbe im Präteritum abtrennen.

~~nutzen~~, ~~können~~, ~~einsetzen~~, haben, durchkommen, haben, stecken bleiben, sein, anrempeln, durchkommen, einschränken, gelten, verzichten, empfinden

Der Sesselträger – Teil 2

Reichere Menschen _nutzten_ dieses Fortbewegungsmittel, weil sie damit bequem und sicher kurze Strecken in der Stadt zurücklegen _konnten_. Zuvor _hatten_ nur Könige diese Sänften bei Zeremonien und zur Repräsentation _eingesetzt_. Gegenüber der Kutsche ____________ sie einen Vorteil: Sie ____________ überall ____________. Denn einerseits ____________ sie keine Räder, die im Straßenschlamm ____________, andererseits ____________ die Sesselträger rechte Rüpel, die andere Passanten schon einmal ____________, damit sie selber ____________. Anfang des 18. Jahrhunderts ____________ der König den Sänftenverkehr in Berlin ____________: Sie ____________ als zu großer Luxus. Übrigens: Nur in London ____________ man lange Zeit auf die Sänften ____________, denn dort ____________ man den Beruf des Sänftenträgers als menschenunwürdig ____________.

3 Welche Aussagen über die Zeitformen sind richtig? Kreuze an.

Der Text ist überwiegend im Präteritum verfasst, weil …
- ☐ … es den beschriebenen Beruf heute nicht mehr gibt.
- ☐ … der Beruf so anstrengend war.

Das Plusquamperfekt wird verwendet, wenn die Ereignisse …
- ☐ … in der Gegenwart liegen.
- ☐ … vor den Ereignissen im Präteritum liegen (Vorvergangenheit).

Das Passiv im Präsens und im Präteritum

Merkwissen

Das **Passiv** beschreibt, was mit einer Person oder einem Gegenstand getan wird. Die handelnde Person wird im Passiv meist nicht erwähnt. Das Passiv wird mit einer Zeitform von **werden** und dem **Partizip II** gebildet.
Präsens: Das Haus **wird abgerissen**. Präsens von werden + Partizip II
Präteritum: Das Haus **wurde abgerissen**. Präteritum von werden + Partizip II

1 **a.** Markiere im Text alle Verbformen im Passiv.
Tipp: Die Infinitive der Verben findest du am Rand.
b. Schreibe die markierten Verbformen, nach Zeitformen geordnet, unten auf.

herstellen, ersetzen, abfüllen, anbieten, ermöglichen, fertigen, recyceln

Plastik im Alltag – Teil 1

Heutzutage kann man sich den Alltag ohne Kunststoffe kaum noch vorstellen. Viele Dinge, die früher aus anderen Materialien hergestellt wurden, werden heute durch Kunststoffe ersetzt. So wurden früher alle Getränke in Glasflaschen abgefüllt, die heutzutage in den bruchfesten und leichten PET-Flaschen angeboten werden. Aber auch neue Erfindungen wurden erst durch die Entwicklung von Kunststoffen ermöglicht, wie zum Beispiel die Damenstrumpfhose, die aus Nylon gefertigt wird. Was aber passiert mit Kunststoff- und Plastikprodukten, die nicht recycelt werden?

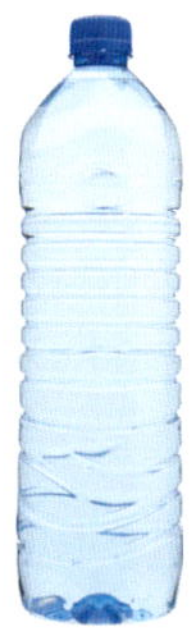

Präsens: ____________________

____

Präteritum: wurden hergestellt, ____________________

____

2 Ergänze Verbformen im Passiv. Nutze die Verben vom Rand.
Tipp: Verwende im ersten Absatz das Präteritum, danach das Präsens.

~~entsorgen~~, sammeln, entziehen, schädigen, trennen, wiederaufbereiten, aufbringen, erreichen

Plastik im Alltag – Teil 2

Früher wurden Kunststoffprodukte entsorgt, indem sie auf Deponien __________ __________. Das war jedoch die schlechteste Lösung, denn das Material __________ so jeder weiteren Nutzung __________ und die Umwelt __________ zum Teil in erheblichem Ausmaß __________.

Ein großes Problem des Kunststoffrecyclings ist, dass es so viele unterschiedliche Kunststoffe gibt, die jeweils __________ und unterschiedlich __________ __________. Beim Recycling __________ dazu viel Energie __________. Auch __________ beim Recycling von Kunststoffen in der Regel nicht mehr die Qualität __________, die der Ausgangsstoff hatte.

Indirekte Rede: Konjunktiv I, II und Ersatzform

Merkwissen

Wenn du wiedergeben möchtest, was jemand gasagt hat, verwendest du häufig die **indirekte Rede**. Wenn sich in der **indirekten Rede** der **Konjunktiv I** nicht vom Indikativ unterscheidet, verwendest du den **Konjunktiv II**. Wenn der Konjunktiv II sehr ungewohnt klingt, verwendest du die Ersatzform mit **würde**, z. B.:
Ihr sagt: „Die Schüler **stehen** gerne im Bus." **(Indikativ)**
Ihr behauptet, sie **stehen** gerne. **(Konjunktiv I)** – *kein Unterschied!*
Ihr behauptet, sie **stünden** gerne. (**Konjunktiv II**) – *klingt ungewohnt!*
Ihr behauptet, sie **würden** gerne im Bus **stehen**. – *Ersatzform mit „würde"*

1 Markiere fünf Konjunktivformen in der indirekten Rede.

Sind Zensuren in der Schule sinnvoll? – Teil 1

Der Direktor der Tell-Grundschule, Hans W., sagte, dass er auf alle Fälle für Zensuren sei, weil sie eine Orientierung gäben. Rückstände würden damit frühzeitig erkannt. Nur so könnten Fördermaßnahmen ergriffen werden. Außerdem könne man die Leistungen der einzelnen Schüler so besser vergleichen.

2 Markiere alle Verbformen in den Aussagen in wörtlicher Rede.

Sind Zensuren in der Schule sinnvoll? – Teil 2

Lothar M. (Lehrer der Friedberg-Grundschule): „Kinder und Eltern wünschen sich Zensuren, aber vor allem gute Noten. Für viele Schüler sind Zensuren deshalb eher schädlich, weil sie auch entmutigen können. Denn das Lernen wird dann zum Wettkampf."
Sibel C. (Schulsprecherin der Goethe-Oberschule): „Ich finde die Benotung sinnvoll, weil sie mich dazu bringt, mir Mühe zu geben."

3 **a.** Vervollständige zu den markierten Verben aus Teil 2 die Tabelle.
b. Welche Verbform eignet sich jeweils am besten für die indirekte Rede? Markiere in jeder Zeile der Tabelle eine Verbform.
Tipp: Lies dazu das Merkwissen oben auf der Seite.

Indikativ	Konjunktiv I	Konjunktiv II	„würde"-Form
sie wünschen	*sie wünschen*	sie wünschten	*sie würden wünschen*
	sie seien	sie wären	*sie würden sein*
		sie könnten	
		es würde	
		sie fände	
		sie brächte	

4 **a.** Schreibe Teil 2 des Textes in indirekter Rede in dein Heft. Ändere dabei auch Personalpronomen und Reflexivpronomen.
Tipp: Aus dem Reflexivpronomen „mich" wird z. B. „sich".
b. Markiere jeweils die Verbformen in der indirekten Rede.

Starthilfe
Lothar M., ein Lehrer, argumentiert, dass …

Das kann ich – Wortart: Verb

Punkte

1 Ergänze die Verben vom Rand in der angegebenen Zeitform.
(Präs. = Präsens, Prät. = Präteritum, Plusq. = Plusquamperfekt)

Wenn man jemanden zu Unrecht beschuldigt (Präs.), ___ (Präs.) man ihm „die Schuld in die Schuhe". Die Redewendung ___ (Präs.) aus dem Mittelalter. Damals ___ (Prät.) Handwerksgesellen durch das Land und ___ (Prät.) in Herbergen. Dort ___ (Prät.) viel gestohlen – vor allem Geld. Die Diebstähle ___ (Prät.) dazu, dass es in den Schlafsälen häufig zu Durchsuchungen ___ (Prät.). Dann ___ (Prät.) das gestohlene Geld schnell verschwinden. Unbestraft ___ (Prät.) man nur, wenn man es zuvor in den Schuh eines anderen ___ ___ (Plusq.). Diesen ___ (Prät.) man dann des Diebstahls, obwohl er nichts ___ ___ (Plusq.).

~~beschuldigen~~, schieben, stammen, wandern, übernachten, werden, führen, kommen, müssen, bleiben, legen, beschuldigen, tun

/ 12 Punkte

2 Ergänze im Text die Verben vom Rand im Passiv.
Verwende das Präteritum und das Präsens.
Tipp: Nur zwei Verben stehen im Präsens.

abfüllen, abpacken, einwickeln, einsetzen, herbeiführen, kaufen, wünschen

/7 Punkte

Verpackungen damals und heute

Vor 100 Jahren ___ Milch in eine Kanne ___, Kaffeebohnen ___ in Tüten ___, Wurst und Käse ___ in Papier ___. Heute ___ vor allem Kunststoffe als Verpackung ___. Dieser Wandel ___ auch durch unsere Einkaufsgewohnheiten ___. Früher ___ die Waren im Laden oft lose ___. Heute hingegen ___ in Selbstbedienungsläden eine hygienische Verpackung ___.

3 **a.** Welche Verbform eignet sich jeweils für die indirekte Rede – **Konjunktiv I**, **Konjunktiv II** oder die **Ersatzform** mit **würde**? Schreibe zu jedem Verb die passende Verbform unten auf die Linien.
b. Schreibe die Stellungnahme in der indirekten Rede in dein Heft.

/7 Punkte

/ 14 Punkte

Bettina W. (Elternvertreterin): „Viele Eltern **sind** für Noten, weil die Kinder auch später in der Berufsausbildung bewertet **werden**. Die Schüler selbst **wollen** ja meistens Noten bekommen, weil sie ihnen bei der Selbsteinschätzung **helfen**. Natürlich **sehen** sie auch die Gefahr, dass Zensuren Misserfolge **verstärken**. Lernen **soll** ja nicht in erster Linie Wettkampf sein."

___

___

Gesamtpunktzahl: /40 Punkte

Satzgefüge

Konjunktionalsätze

Merkwissen

Satzgefüge bestehen aus Hauptsätzen und Nebensätzen. Die Nebensätze leitest du durch **Konjunktionen** ein, wie z. B. **weil**, **da**, **wenn**, **falls**, **obwohl** und **damit**, und trennst sie vom Hauptsatz durch ein Komma.

1 **a.** Markiere im Text alle Konjunktionen, die Nebensätze einleiten.
b. Unterstreiche die Nebensätze.

Warum wir ohne die Lüge verloren wären – Teil 1

Wie oft haben Sie heute schon gelogen? Falls Sie nun „Kein einziges Mal" sagen, dann lügen Sie vermutlich schon. Es ist so unwahrscheinlich, weil Wissenschaftler von 200 Lügen pro Tag ausgehen. Wenn wir 16 Stunden täglich wach sind, würden wir 12,5-mal pro Stunde die Wahrheit verdrehen. Obwohl diese Zahlen etwas hoch erscheinen, sind sich alle einig: Wir lügen den lieben langen Tag, wenn wir es auch nicht zugeben.

2 Wo steht das Verb in Nebensätzen? Vervollständige den Merksatz.

In einem Nebensatz steht die gebeugte Verform ____________________.

3 Ergänze in den Satzgefügen passende Konjunktionen vom Rand.

wenn (2 x), obwohl, damit, falls, weil

Warum wir ohne die Lüge verloren wären – Teil 2

Warum aber lügen wir? Wir lügen so gekonnt, __________ unser soziales System nicht zusammenbricht. Unsere Oma wäre traurig, __________ wir ihr offen sagen würden, dass wir ihre Kekse nicht mögen. Auch unser Freund wäre enttäuscht, __________ wir ihm sagen müssten, dass wir uns über sein Geschenk nicht gefreut haben. __________ wir Freude geheuchelt haben, hätte uns ein iPod viel besser gefallen. Und wie ehrlich ist es, __________ wir behaupten: „Ich muss auflegen, __________ es an der Tür klingelt" oder „Ich würde dir gerne helfen, aber meine Mutter hat Geburtstag"?

4 Bilde Satzgefüge. Verbinde dazu die Sätze mit den Konjunktionen.
Schreibe in dein Heft.
Denke an das Komma zwischen Haupt- und Nebensatz.

Starthilfe
Wir lügen meistens, damit ...

Warum wir ohne die Lüge verloren wären – Teil 3

Wir lügen meistens. Wir erleichtern das Zusammenleben und -arbeiten. **(damit)**
Wir wollen ein Gespräch mit einem Fremden beginnen. Die Wahrheit führt nicht immer zum Ziel. **(wenn)**
Wir brauchen die Lüge. Sie hat einen schlechten Ruf. **(obwohl)**

Merkwissen

In **Nebensätzen** kannst du z. B. zeitliche Zusammenhänge ausdrücken. Diese Nebensätze leitest du durch die Konjunktionen **nachdem**, **bevor**, **solange**, **seit**, **während**, **als**, **sobald** ein und trennst sie vom Hauptsatz durch ein Komma.

5 **a.** Markiere im Text alle Konjunktionen, die Nebensätze einleiten.
b. Unterstreiche die Nebensätze.

Fehler vermeiden im Vorstellungsgespräch

Man kann es nicht oft genug betonen: Informieren Sie sich über den Betrieb, bevor Sie zum Vorstellungsgespräch gehen. Sie können die Fragen zu Ihrer Motivation nicht erfolgreich beantworten, solange Sie nicht genau über den Betrieb informiert sind. Sobald man Sie einlässt, begrüßen Sie Ihr Gegenüber mit einem kräftigen Händedruck. Schauen Sie Ihrem Gesprächspartner in die Augen, während Sie mit ihm reden. Das vermittelt Selbstsicherheit und Offenheit.

6 Ergänze die Ratschläge.
a. Ordne den Sätzen passende Wortgruppen vom Rand zu.
b. Bilde aus den Wortgruppen und den Konjunktionen vom Rand Nebensätze. Schreibe die Satzgefüge unten auf die Linien. Denke an das Komma zwischen Haupt- und Nebensatz.

a) auf die Fragen antworten (während)
b) aus dem Haus gehen (bevor)
c) Gespräch nicht beendet sein (solange)
d) den Betrieb betreten (bevor)
e) Ihnen kritische Fragen gestellt werden (sobald)

Notieren Sie sich den Namen der Bezugsperson. b)

Stellen Sie Ihr Handy aus. ______

Sehen Sie die Gesprächspartner an. ______

Werden Sie nicht unfreundlich. ______

Reden Sie nur Hochdeutsch. ______

Notieren Sie sich den Namen der Bezugsperson, bevor Sie aus dem Haus gehen.

______

______

______

______

Wenn du Satzgefüge mit der Konjunktion nachdem verbindest, verwendest du in Haupt- und Nebensatz unterschiedliche Zeitformen.

7 **a.** Markiere in den Sätzen die Verbformen.
b. Bilde jeweils Satzgefüge mit **nachdem**. Schreibe in dein Heft. Denke an das Komma zwischen Haupt- und Nebensatz.

Starthilfe
Er meldete sich bei mir, nachdem ...

Er meldete sich bei mir. Er hatte meine Bewerbung erhalten.
Wir hatten das Gespräch beendet. Herr Zenker begleitete mich zum Ausgang.
Sie gewann wieder mehr Selbstsicherheit. Sie hatte den Raum verlassen.
Alle Kandidaten hatten sich vorgestellt. Sie mussten sich für einen Bewerber entscheiden.

Relativsätze

Merkwissen

Relativsätze sind **Nebensätze, die sich** meist **auf ein vorangehendes Nomen beziehen** (Relation = Beziehung). Du trennst sie immer vom Hauptsatz durch ein Komma und leitest sie durch ein **Relativpronomen** (z. B. **der**, **die**, **das**) ein. Relativpronomen können in verschiedenen **Fällen** stehen, z. B.:

Hier ist **der Text**, **den** wir bis morgen lesen sollen. **(Akkusativ)**

Das ist **die Person**, **der** du vertrauen kannst. **(Dativ)**

1 **a.** Ergänze in den Sätzen passende Relativpronomen vom Rand.
b. Markiere das Nomen, auf das sich das Relativpronomen bezieht.

Relativpronomen:
der, die, das, den, dem, dessen, denen, deren

Sibel sucht eine Ausbildung, _die_ nicht zu lange dauert.

Sie bewirbt sich in dem Betrieb, ____________ sie vom Praktikum kennt.

Ihre Freunde, ________ sie von der Ausbildung erzählt hat, rieten ihr davon ab.

Morgen ist die Prüfung, ________ sie entgegenfiebert.

Ihr Freund, ________ sie bei der Bewerbung geholfen hat, bekam den Job.

Einige Mitschüler, ________ Noten zu schlecht sind, wiederholen die Klasse.

Ihr Bruder, ________ Zeugnis sie kopieren soll, beginnt bald seine Ausbildung.

2 **a.** Auf welches Wort aus dem ersten Satz bezieht sich der Satz dahinter? Markiere im ersten Satz jeweils das entsprechende Wort.
b. Bilde Satzgefüge mit Relativsätzen. Schreibe in dein Heft. Formuliere dazu jeweils aus dem zweiten Satz einen Relativsatz.
Tipp: Manchmal musst du den Relativsatz in den Hauptsatz einschieben. Dann benötigst du zwei Kommas.

Hier ist das Formular. Wir sollen es ausfüllen.
Zeigst du mir den Brief? Du hast ihn vorhin bekommen.
Hier ist die Antwort. Ich habe sie erwartet.
Kennst du den Betrieb? Ihm wurde gestern der Ausbilderpreis verliehen.
Der Ausbildungsleiter hat viel gefragt. Ich habe seinen Namen vergessen.
Der Sachbearbeiter wollte mich zurückrufen. Ich habe ihm meine Telefonnummer gegeben.

3 Ergänze in den folgenden Sätzen jeweils einen Relativsatz.

Ich hätte gerne einen Beruf, ______________________________.

Menschen, ______________________________,
mag ich am liebsten.

Ein Film, ______________________________,
interessiert mich nicht.

Über Mitschüler, ______________________________,
ärgere ich mich.

Das kann ich – Satzgefüge

Punkte

1 Ergänze die Merksätze mit Wörtern oder Wortgruppen vom Rand. ___ /7 Punkte

bevor, nachdem, während, am Ende, seit, sobald, Komma

Zwischen Hauptsatz und Nebensatz steht ein ______________.

Im Nebensatz steht die gebeugte Verform ______________.

Temporale Nebensätze werden z. B. durch die Konjunktionen __________, __________, __________ und __________ eingeleitet.

Wenn man die **Konjunktion** ______________ verwendet, stehen in Haupt- und Nebensatz unterschiedliche Zeitformen.

2 Ergänze in den Nebensätzen jeweils eine passende Konjunktion vom Rand. ___ /4 Punkte

wenn, obwohl, damit, solange

Man sollte pünktlich sein, __________ man einen guten Eindruck macht.

________ man sich oft bewirbt, steigt die Chance auf einen Ausbildungsplatz.

__________ man keinen Ausbildungsvertrag hat, sollte man jede Möglichkeit für einen Test oder ein Vorstellungsgespräch wahrnehmen.

Die Bewerbung passt man für jeden Betrieb an, ________ das viel Arbeit ist.

3 Bilde Satzgefüge mit den Konjunktionen und schreibe sie in dein Heft. ___ /14 Punkte
Tipp: Bei einigen Satzgefügen musst du die Reihenfolge der Sätze tauschen.

Er kam am Bahnhof an. Sein Zug fuhr gerade ein. (als)

Er fuhr nach Bonn. Er las noch einmal in den Unterlagen. (während)

In Bonn nahm er schnell den Bus. Er hatte wenig Zeit. (weil)

Er hatte das Gespräch beendet. Er kaufte sich ein Sandwich. (nachdem)

Er hatte den ganzen Tag nichts gegessen. Er hatte keinen Hunger. (obwohl)

Er wollte schnell nach Hause. Er musste jetzt zum Bahnhof. (wenn)

Er kehrte zum Bahnhof zurück. Er bekam den Zug um 17 Uhr. (damit)

4 **a.** Auf welches Wort aus dem ersten Satz bezieht sich der Satz dahinter? ___ /5 Punkte
Markiere im ersten Satz jeweils das entsprechende Wort.

b. Bilde Satzgefüge mit Relativsätzen. Schreibe in dein Heft. ___ /10 Punkte
- Mache jeweils aus dem zweiten Satz einen Relativsatz.
- Passende Relativpronomen findest du am Rand.

Tipp: Bei drei Satzgefügen steht der Relativsatz in der Mitte.

dessen, der, den (2 x), das

Der Zeitungsartikel ist schwer zu verstehen. Du hast ihn mir gegeben.

Unsere Ausbildungsplatzsuche ist ein Thema. Es beschäftigt uns ständig.

Ich habe einen alten Lehrer getroffen. Seinen Namen habe ich vergessen.

Meine Freundin hat sich noch nicht gemeldet. Ich habe ihr das Buch besorgt.

Der Personalchef war sehr freundlich. Ich habe ihn heute angerufen.

Gesamtpunktzahl: ___ /40 Punkte

Satzglieder

Wiederholung: Subjekt, Objekt und adverbiale Bestimmungen

Merkwissen

Mit **Wer?** oder **Was?** fragst du nach dem **Subjekt**.
Mit **Wen?** oder **Was?** fragst du nach dem **Akkusativobjekt**.
Mit **Wem?** fragst du nach dem **Dativobjekt**, z. B.:
Die Wolken bringen dem Regenwald den Regen.
Wer? Wem? Was?

Nach **adverbialen Bestimmungen** fragst du mit **Wann?**, **Wie lange?** (Zeit), **Wo?**, **Wohin?** (Ort), **Wie?**, **Auf welche Weise?** (Art und Weise) und **Warum?** (Grund), z. B.:
Sie geht heute wegen ihrer Zahnschmerzen voller Angst zum Zahnarzt.
Wann? Warum? Wie? Wohin?

1 Bestimme in den Sätzen die Subjekte und Objekte.

a. Schreibe zu den hervorgehobenen Satzgliedern passende Fragen und Antworten auf.

b. Ergänze in Klammern dahinter die Bezeichnung des Satzgliedes.

Der Fahrer sollte **unnötiges Beschleunigen** vermeiden.

Wer oder was sollte Beschleunigen vermeiden? – der Fahrer (Subjekt)

Wen oder was sollte der Fahrer vermeiden?

Hochtouriges Fahren schadet **dem Motor**.

____

____

2 Welche adverbialen Bestimmungen sind im Text hervorgehoben?
Schreibe in die Klammern jeweils die Art der adverbialen Bestimmung.
Tipp: Die Fragen aus dem Merkwissen oben helfen dir.

Zeit,
Ort,
Art und Weise,
Grund

Wegen des höheren Spritverbrauchs (*Grund*) sollte man hohe Drehzahlen **immer** (________) vermeiden. **Häufig** (________) kann man auch **in Ortschaften** (________) **im höchsten Gang** (________) fahren . **Auf Landstraßen** (________) kann man schon **500 m vor einer Ortschaft** (________) den Fuß vom Gas nehmen. So muss man nicht **unnötig** (________) bremsen. Wenn man **vorausschauend** (________) fährt, kann man auch **an roten Ampeln** (________) Rollphasen **optimal** (________) nutzen. **An Bahnübergängen** (________) sollte man den Motor abstellen.

Z **3** Markiere im Text unter Aufgabe 2 folgende Satzglieder mit Rahmen.
Subjekte , Objekte , Prädikate

Subjekt und Subjektsatz

Du kannst Subjektsätze verwenden, um lebendiger zu formulieren.

Merkwissen

Subjekte können aus einem Wort, einer Wortgruppe oder einem Satz bestehen; der Satz heißt **Subjektsatz**.

Wer zu spät kam, bekam keinen Platz mehr.
Subjektsatz
– Wer oder was bekam keinen Platz mehr?

Dass er so früh eintraf, überraschte mich.
Subjektsatz
– Wer oder was überraschte mich?

1 **a.** Notiere zu den hervorgehobenen Nomen jeweils ein passendes Verb.
b. Formuliere Satzgefüge mit Subjektsätzen.
Ersetze dazu in den Sätzen ein Nomen durch ein Verb.
Stelle die Sätze um und verwende die vorgegebenen Konjunktionen.

Seine ständige Nörgelei nervt mich. **(dass)** *nörgeln*

Mich nervt, dass er ständig nörgelt.

Mir ist **sein pünktliches Erscheinen** nicht so wichtig. **(dass)** ____________

____

Ein Betrüger verdient kein Vertrauen. **(wer)** ____________

____

Dein Vorwärtskommen interessiert dich wohl gar nicht! **(ob)** ____________

____

Subjekte, die aus Nominalisierungen bestehen, erschweren die Verständlichkeit.

2 Formuliere die Sätze um, damit sie verständlicher werden.
Ersetze die hervorgehobenen Nomen durch die **Infinitive mit zu** vom Rand.
Stelle dabei die Sätze so um, dass das Verb (der Infinitiv) am Ende steht.
Tipp: Beginne die Sätze mit „es“ und verwende ein Komma.

~~zu senken~~,
zu vermeiden,
zu dämmen,
zu verwenden

Auch **die Senkung** des Energiebedarfs ist wichtig.

Es ist wichtig, den Energiebedarf zu senken.

Die Vermeidung von Wärmeverlusten wird in den nächsten Jahren unterstützt.

____

Die Dämmung von Hauswänden wird mittlerweile staatlich gefördert.

____

Auch **die Verwendung** von Thermofenstern wird dringend empfohlen.

____

Adverbiale Bestimmungen und Adverbialsätze

Merkwissen

Adverbiale Bestimmungen können aus einem Wort, einer Wortgruppe oder einem Satz bestehen; der Satz heißt **Adverbialsatz**. Du kannst eine adverbiale Bestimmung in einen Adverbialsatz umformen.

Vor dem Öffnen des Geräts muss es vollständig entleert sein.
Adverbiale Bestimmung

Bevor das Gerät geöffnet wird, muss es vollständig entleert sein.
Adverbialsatz (Nebensatz)

– Wann muss es vollständig entleert sein?

1 Bilde Adverbialsätze.

a. Welches Nomen aus der adverbialen Bestimmung wird zu einem Verb? Markiere diese Nomen und schreibe passende Verben auf.

b. Ersetze die adverbialen Bestimmungen durch Adverbialsätze. Schreibe die Satzgefüge auf. Stelle dabei den Adverbialsatz nach hinten. Verwende die Konjunktionen vom Rand. Denke an das Komma.

Vor der erstmaligen Benutzung des Geräts spülen Sie es gründlich aus.

Verb: *benutzen* Satzgefüge: *Sie spülen das Gerät gründlich aus, bevor Sie es* ____

Nach Entfernen des Kalkfilters spülen Sie ihn unter fließendem Wasser ab.

Verb: ____ Satzgefüge: ____

Durch vorsichtiges Säubern des Geräts schonen Sie die Oberfläche.

Verb: ____ Satzgefüge: ____

Selbst bei täglichem Gebrauch des Geräts reicht eine Entkalkung im Rhythmus von drei Monaten aus.

Verb: ____ Satzgefüge: ____

bevor,
wenn,
dadurch, dass ...
nachdem

2 Formuliere die Bedienungsanleitung um. Schreibe in dein Heft. Ersetze dabei die hervorgehobenen adverbialen Bestimmungen durch Adverbialsätze. Verwende die Konjunktionen vom Rand neben Aufgabe 1.
Tipp: In der Bedienungsanleitung findest du bereits Beispiele für Nebensätze.

Starthilfe
Nehmen Sie das Gerät aus dem Sockel, bevor Sie ...

Bedienungsanleitung

Vor dem Befüllen des Wassertanks nehmen Sie das Gerät aus dem Sockel. Dadurch, dass Sie auf die Taste neben dem Griff drücken, öffnet sich der Deckel. **Beim Erreichen des Siedepunkts** schaltet sich das Gerät automatisch ab. Bevor Sie das Gerät reinigen, muss es von der Stromquelle getrennt werden. Das Gerät darf erst gereinigt werden, nachdem es vollständig abgekühlt ist. **Durch regelmäßiges Entkalken** verlängern Sie die Lebensdauer des Geräts.

Das kann ich – Satzglieder

Punkte

1 a. Subjekt, Dativobjekt, Akkusativobjekt oder adverbiale Bestimmung? Frage nach den hervorgehobenen Satzgliedern. Notiere jeweils das passende Fragewort vom Rand.
b. Schreibe dahinter, um welches Satzglied es sich handelt.

Wen?
Wie?
Wer?
Wann?
Warum?
Wem?

☐ /6 Punkte
☐ /6 Punkte

Den Motor (Wen? – Akkusativobjekt) sollte man **schonend** (______? – ____________________) auf Betriebstemperatur warmfahren. **Man** (______? – ______________) sollte **regelmäßig** (_________? – __________________) den Reifendruck kontrollieren. Zu geringer Reifendruck schadet **der Umwelt** (________? – ________________) durch höheren Spritverbrauch. Auch **wegen alter Zündkerzen** (_________? – ___________________) kann **der Spritverbrauch** (______? – _____________) schnell steigen.

2 Formuliere die Sätze mit Subjektsätzen, damit sie verständlicher werden. Ersetze die hervorgehobenen Nomen durch Infinitive mit zu. Stelle dabei die Sätze so um, dass das Verb (der Infinitiv) am Ende steht.

☐ /16 Punkte

Das Finden eines Praktikumsplatzes dauerte eine Weile.

Es dauerte eine Weile, ______________________________

Die gemeinsame Arbeit in der Gruppe hat mir Spaß gemacht.

Es hat mir Spaß gemacht, ______________________________

Das Stoppen der Maschine in der Bewegung war unmöglich.

Es war unmöglich, ______________________________

Das Ausruhen nach dem Lärm in der Pause hatte ich nötig.

Es war nötig, ______________________________

3 Formuliere die Bedienungsanleitung um. Schreibe unten auf die Linien. Ersetze dabei die hervorgehobenen adverbialen Bestimmungen durch Adverbialsätze. Verwende die Konjunktionen vom Rand.

☐ /12 Punkte

Bedienungsanleitung: Elektrische Zahnbürste

Vor dem Einschalten des Geräts halten Sie die Bürste an die Zähne. **Bei der Reinigung des Gebisses** führen Sie die Bürste mit leichtem Druck über die Zähne. **Nach Beendigung der Zahnpflege** entfernen Sie den Bürstenkopf vom Gerät.

bevor,
wenn,
nachdem

____

____

____

____

____

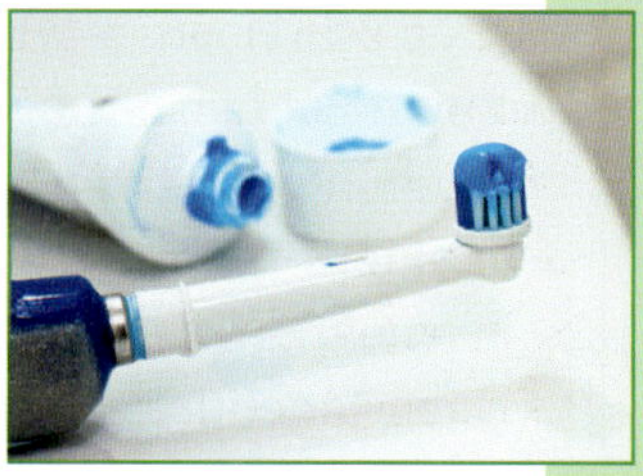

Gesamtpunktzahl: ☐ /40 Punkte

Aufgabentypen in Tests und Prüfungen

Du lernst wichtige Aufgabentypen kennen, die in Tests und Prüfungen vorkommen.

Merkwissen

Bei einer **Multiple-Choice-Aufgabe** (Auswahl-Aufgabe) musst du unter mehreren falschen Aussagen **eine richtige** herausfinden.
Achtung: Lies die Aufgabe genau, denn manchmal wird auch nach der **falschen** Aussage gefragt.

1 Wie nennt man einen Plan für Referate oder Texte, der aus geordneten Überschriften und Stichworten besteht?

- ☐ a) Gliederung
- ☐ b) Abteilung
- ☐ c) Einleitung
- ☐ d) Skizze

Merkwissen

Bei einer **Richtig-Falsch-Aufgabe** musst du für mehrere Aussagen entscheiden, ob sie zutreffen oder nicht. **Achtung:** Oft hängt die Entscheidung nur von einem Wort ab. Lies die Aussagen sehr genau.

2 Wie verfährst du in einer Stellungnahme mit Gegenargumenten?

	trifft zu	trifft nicht zu
a) Gegenargumente erwähne ich möglichst gar nicht.	☐	☐
b) Nach dem Prinzip der Sanduhr führe ich Gegenargumente vor den eigenen Argumenten an.	☐	☐
c) Gegenargumente erwähne ich nur am Schluss.	☐	☐
d) Gegenargumente entkräfte ich möglichst.	☐	☐

Merkwissen

Eine **Kurzantwort-Aufgabe** verlangt eine selbstständig formulierte Antwort auf die Frage zu einem Text. **Achtung:** Schreibe so kurz und knapp wie möglich, aber immer in einem vollständigen Satz.

3 Welchem Zweck dient die Betreffzeile in offiziellen Briefen?

____

Merkwissen

Bei einem größeren **Schreibauftrag** gliederst du dein Ergebnis meist in **Einleitung**, **Hauptteil** und **Schluss**. Wichtig ist bei solchen Aufgaben, dass du deine Aussagen mit **Textstellen (Zitaten)** belegst und in ganzen Sätzen schreibst.
Größere Schreibaufträge können zum Beispiel sein:
- einen **informativen Text** auf der Basis von Materialien schreiben,
- in **einem Leserbrief** zum Thema oder zum Text **Stellung nehmen**,
- in einem **offiziellen Brief** die eigene **Position vertreten**,
- einen **Tagebucheintrag** zu einem literarischen Text verfassen,
- eine **Figurenanalyse** schreiben,
- eine **Interpretation** zu einem Prosatext oder einem Gedicht schreiben.

In Tests und Prüfungen gute Ergebnisse erzielen

Du gehst in Tests und Prüfungen ruhig und strategisch an die Aufgaben.

1 a. Lies den folgenden Arbeitsauftrag aus einer Prüfung.
b. Wie gehst du vor, wenn die Materialien und Aufgaben vor dir liegen und die Bearbeitungszeit läuft? Beschreibe, wie du Schritt für Schritt vorgehst.

Dein Arbeitsauftrag

1. Bearbeite zu den Materialien M1–M3 die Aufgaben 2 bis 14.
2. Nimm Stellung zu dem folgenden Zitat einer Schülerin:
   „Wir haben im Unterricht ganz viel über die Erderwärmung gehört und über die Gefahren, die sich daraus ergeben. Das Problem für mich ist aber, dass ich nichts daran ändern kann."

➤ Diese Prüfung findest du auf den **Seiten 82–85**.

2 a. Lies die folgende Arbeitstechnik.
b. Überarbeite dein Ergebnis aus Aufgabe 1 b. Schreibe in dein Heft.

Arbeitstechnik

In Prüfungen gute Ergebnisse erzielen

Mit der richtigen Strategie holst du bei jeder Prüfung aus deiner Vorbereitung das bestmögliche Ergebnis heraus.

1. Verschaffe dir einen **Überblick** darüber, was du leisten sollst. **Überfliege** dazu alle **Materialien**, **Schreibaufträge** und **Einzelaufgaben**.
2. **Lies die Schreibaufträge** genau, damit du weißt, worauf du beim Lesen der Materialien achten musst.
3. **Teile** deine verbleibende **Bearbeitungszeit** auf die Schritte 4 bis 8 **ein** und plane eine Reservezeit von ca. 10 Minuten ein.
4. **Lies die Materialien** in Ruhe durch. Nutze dabei den Textknacker.
5. **Lies die einzelnen Aufgaben** und **bearbeite** sie. Beachte den Aufgabentyp. **Tipp:** Überspringe die für dich „unlösbaren" Aufgaben. Bearbeite sie in deiner Reservezeit.
6. **Bearbeite deinen Schreibauftrag**. Nutze dafür geeignete Arbeitstechniken.
7. **Überarbeite dein Ergebnis** zu dem Schreibauftrag. Achte auf die Rechtschreibung, die Grammatik und deinen Stil.
8. **Kontrolliere deine Lösungen**. Achte auf Flüchtigkeitsfehler.
9. **Nutze deine Reservezeit**. Bearbeite zuvor ausgelassene Aufgaben.

Du wendest diese Arbeitstechnik auf den Seiten 82 bis 92 an.

Zu Sachtexten schreiben

Dein Arbeitsauftrag

1. Bearbeite zu den Materialien M1–M3 die Aufgaben 2 bis 14.
2. Nimm Stellung zu dem folgenden Zitat einer Schülerin:
   „Wie haben im Unterricht ganz viel über die Erderwärmung gehört und über die Gefahren, die sich daraus ergeben. Das Problem für mich ist aber, dass ich nichts daran ändern kann.“

➤ Nutze die Arbeitstechnik „In Prüfungen gute Ergebnisse erzielen“ von **Seite 81**.

1 Lies den Text mithilfe des Textknackers. Beachte dabei die Grafiken.

Material 1

Die Zeit läuft davon – es wird heiß!

Schlechte Zeiten für den Treibhauseffekt, für alle Missstände auf dieser Welt macht man ihn verantwortlich. Aber dieses natürliche Phänomen macht Leben auf unserem Planeten erst möglich. Ohne den Treibhauseffekt betrüge die Durchschnittstemperatur –19 Grad Celsius, an Leben wäre nicht zu denken. Im Prinzip wird ein Teil der von der Sonne auf die Erde ausgestrahlten Wärme von den Treibhausgasen neutralisiert, sie agieren wie der Deckel eines Kochtopfs. Diesem Phänomen ist zu verdanken, dass die Bilanz zwischen der von der Erde aufgenommenen und der von ihr abgegebenen Wärme ausgeglichen ist. Das heißt: Die Durchschnittstemperatur auf unserem Blauen Planeten bleibt weitgehend konstant. Auch eine andere Behauptung gehört auf den Prüfstand: Sie besagt, dass das wichtigste Treibhausgas nicht das Kohlendioxid (CO_2), sondern der Wasserdampf sei. CO_2 bildet zwölf Prozent der Treibhausgase. 60 Prozent der Treibhausgase in der Atmosphäre bestehen aus Wasserdampf, er ist ursächlich für 90 Prozent des Treibhauseffekts. Im Normalfall ist die Menge von Wasserdampf in der Atmosphäre konstant, aber ein durch den erhöhten CO_2-Ausstoß bedingter Anstieg der Temperatur verstärkt den Prozess der Verdunstung, die Konzentration des Wasserdampfs verdichtet sich. In diesem Teufelskreis stecken wir: Je höher die Temperatur ansteigt, desto intensiver der durch Wolken ausgelöste Treibhauseffekt. Obwohl Kohlendioxid nur zwölf Prozent des Treibhauseffekts ausmacht, wird in der Erhöhung des CO_2-Ausstoßes in die Atmosphäre der wichtigste Grund für die Klimaerwärmung gesehen. Heute werden in der Atmosphäre 385 ppm (Teilchen pro Millionen Luftteilchen) CO_2 gemessen, vor dem Beginn der Industrialisierung lag dieser Wert bei etwa 280 ppm. Nach Angaben des Weltklimarates IPCC (Intergovernemental Panel on Climate Change) hat sich die Temperatur an der Erdoberfläche im Laufe des 20. Jahrhunderts um 0,74 Grad Celsius erhöht.
Es ist schwierig, konkrete Angaben über das Ausmaß der Erderwärmung in den kommenden Jahren zu machen. Denn viel zu zahlreich sind die variablen Klimafaktoren, die mit den Aktivitäten der Menschen, der demografischen[1] Entwicklung, dem Fortschreiten der Entwaldung und der völligen oder partiellen Eisschmelze an den Polkappen in Zusammenhang stehen. Experten des Weltklimarates haben etwa 40 verschiedene Szenarien durchgespielt, sie kommen danach zu folgendem Resultat: Auf der Grundlage aller vorliegenden Daten wird die Erderwärmung bis zum Jahr 2100 um 2,6 Grad Celsius ansteigen. Die optimistischste Schätzung geht von einer Erhöhung von nur 1,1 Grad Celsius aus, eine sehr alarmierende Prognose liegt indessen bei 6,6 Grad Celsius.

Material 2

Anstieg des CO_2 und der Temperatur

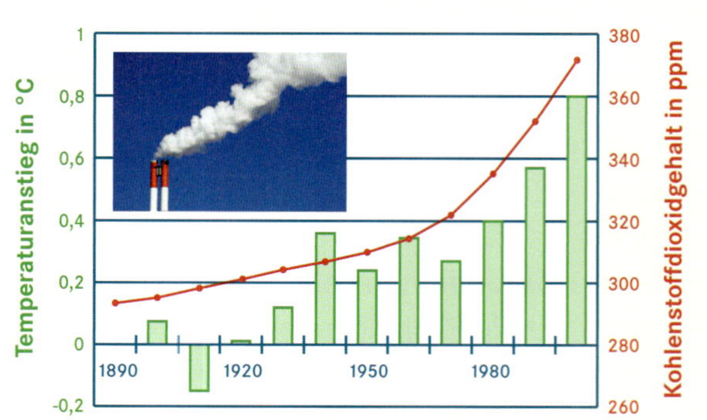

1 demografische Entwicklung: die Entwicklung der Bevölkerung(szahlen)

Material 3

Der Treibhauseffekt

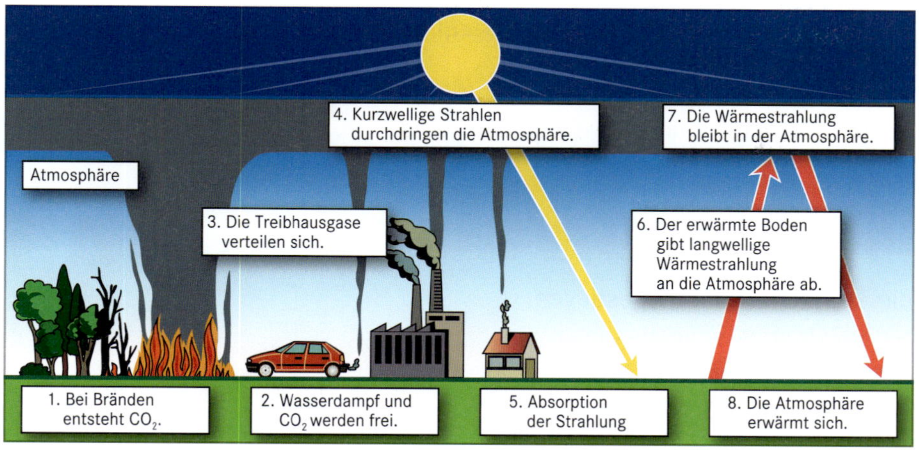

Punkte

Du bearbeitest den ersten Teil deines Arbeitsauftrags.

Kreuze in den Aufgaben 2 bis 4 jeweils die eine richtige Antwort an.

2 Der Treibhauseffekt ... ☐ /2 Punkte

- ☐ a) ... macht Leben auf unserem Planeten möglich.
- ☐ b) ... macht Leben auf unserem Planeten unmöglich.
- ☐ c) ... sorgt für eine Durchschnittstemperatur von –19 Grad.
- ☐ d) ... ist für alle Missstände dieser Welt verantwortlich.

3 Welches Gas verursacht den größten Teil des Treibhauseffekts? ☐ /2 Punkte

- ☐ a) Kohlendioxid
- ☐ b) Sauerstoff
- ☐ c) Wasserdampf
- ☐ d) Treibhausgas

4 Einer alarmierenden Prognose nach wird die Erderwärmung bis zum Jahr 2100 ... ☐ /2 Punkte

- ☐ a) ... um 6,6 Grad Celsius ansteigen.
- ☐ b) ... um 1,1 Grad Celsius ansteigen.
- ☐ c) ... um 2,6 Grad Celsius ansteigen.
- ☐ d) ... gar nicht ansteigen.

5 Um wie viel Grad hat sich die Temperatur auf der Erde im 20. Jahrhundert erhöht? Antworte im ganzen Satz. ☐ /3 Punkte

____

6 Zu welcher Prognose kommen die Experten des Weltklimarates? Schreibe zwei Sätze auf. ☐ /4 Punkte

____

____

____

Gesamtpunktzahl dieser Seite: ☐ /13 Punkte

Punkte

Betrachte das Material 2 und bearbeite die Aufgaben.

7 Welcher Zusammenhang wird in Material 2 dargestellt?
Kreuze die richtige Antwort an. /2 Punkte

- ☐ a) der Zusammenhang zwischen Sauerstoff und Luft
- ☐ b) der Zusammenhang zwischen H_2O-Gehalt der Luft und der Erde
- ☐ c) der Zusammenhang zwischen Temperatur und CO_2-Gehalt der Luft
- ☐ d) kein Zusammenhang

8 Kreuze für jede Aussage an, ob sie zutrifft oder nicht. /4 Punkte

	trifft zu	trifft nicht zu
a) Im Zeitraum der Grafik ist die Temperatur immer gestiegen.	☐	☐
b) Der CO_2-Gehalt ist im Laufe der Zeit stark angestiegen.	☐	☐
c) Um 1970 ist die Temperatur besonders stark gestiegen.	☐	☐
d) Der CO_2-Gehalt stieg 1990 erstmals über 350 ppm.	☐	☐

Sieh dir das Material 3 genau an und bearbeite die Aufgaben.

9 Kreuze die richtige Antwort an. /2 Punkte
Die Treibhausgase CO_2 und Wasserdampf gelangen ...

- ☐ a) ... nur durch den Menschen in die Atmosphäre.
- ☐ b) ... nur durch die Natur in die Atmosphäre.
- ☐ c) ... durch den Menschen und die Natur in die Atmosphäre.
- ☐ d) ... durch die Sonne in die Atmosphäre.

10 Trage in die Flussdiagramme A und B passende Wortgruppen vom Rand ein. /2 Punkte
Orientiere dich an den Schritten 1–8 in der Grafik auf S. 83.

A Entstehung der Treibhausgase

Brände, Autos, Industrie und Haushalte
↓
____

erwärmt sich,
Wärmestrahlung bleibt,
kurzwellige Strahlung dringt durch,
Wasserdampf und CO_2,
Absorption der Strahlung,
gibt langwellige Strahlung ab

B Erwärmung der Atmosphäre durch die Treibhausgase /10 Punkte

Sonne
↓
____
↓
____
↓
____
↓
____
↓
Die Atmosphäre

11 Fasse zusammen, was in der Grafik dargestellt ist. Schreibe in dein Heft. /7 Punkte

Gesamtpunktzahl dieser Seite: /27 Punkte

Betrachte die Materialien 2 und 3 zusammen und kreuze richtige Antworten an. Es können mehrere Antworten richtig sein.

12 Der in Material 2 dargestellte Temperaturanstieg erklärt sich …

- ☐ a) … durch den sinkenden CO_2-Gehalt in der Luft.
- ☐ b) … durch von Menschen produzierte Treibhäuser.
- ☐ c) … durch Abgase aus Fabriken, Wohnhäusern und Autos.
- ☐ d) … durch die vielen grünen Pflanzen.

13 Kreuze für jede Aussage an, ob sie zutrifft oder nicht.

	trifft zu	trifft nicht zu
a) Die beiden Schaubilder haben nichts miteinander zu tun.	☐	☐
b) Waldbrände können nur durch den Menschen ausgelöst werden.	☐	☐
c) Der Mensch trägt in großem Umfang zur Erderwärmung bei.	☐	☐
d) Wenn der Mensch seine Gewohnheiten nicht ändert, wird die Temperatur weiter ansteigen.	☐	☐

Du bearbeitest eine umfangreiche Schreibaufgabe zu den Materialien.

Eine Schülerin sagt zu dem Thema:
„Wir haben im Unterricht ganz viel über die Erderwärmung gehört und über die Gefahren, die sich daraus ergeben. Das Problem für mich ist aber, dass ich nichts daran ändern kann."

14 Prüfe, ob diese Aussage eine angemessene Schlussfolgerung darstellt. Du kannst zustimmen, ablehnen oder eine vermittelnde Position einnehmen. Begründe deine Auffassung mithilfe von Zitaten aus dem Text und Aussagen aus den Grafiken.

____

____

____

____

____

____

____

____

____

____

____

____

____

____

Punkte

12: ☐ /2 Punkte
13: ☐ /4 Punkte
14: ☐ /19 Punkte

Gesamtpunktzahl dieser Seite: ☐ /25 Punkte
Gesamtpunktzahl Seite 83: ☐ /13 Punkte
Gesamtpunktzahl Seite 84: ☐ /27 Punkte
Zu Sachtexten schreiben – Gesamtpunktzahl: ☐ /65 Punkte

Schriftlich argumentieren

Dein Arbeitsauftrag

Überzeuge den Schulausschuss in einem Brief davon, dass er die Kosten für die Abfalltrennung übernehmen soll.
- Nenne in der Einleitung den Grund des Briefes und eure Meinung.
- Begründe eure Meinung im Hauptteil mit Argumenten und Beispielen.
- Ordne die Argumente und Gegenargumente nach dem Sanduhrprinzip.
- Formuliere einen Schluss, in dem du für euren Vorschlag wirbst.
- Beachte alle Anforderungen an einen offiziellen Brief.

➤ Nutze die Arbeitstechnik „In Prüfungen gute Ergebnisse erzielen“ auf **Seite 81**.

1 Lies den Zeitungsartikel und sieh dir die Grafik auf Seite 87 an.

Material 1

Wohin mit dem Müll?

Der viele Müll stinkt den Schülerinnen und Schülern der Kurt-Tucholsky-Schule, seitdem ihr Umweltunterricht von Vertretern eines Abfall-Entsorgungsbetriebs begleitet wird. Um etwas zu verändern, wurde eine Müll-AG gebildet. In dieser AG erarbeiten die Schülerinnen und Schüler gemeinsam Vorschläge, wie man mit den Müllbergen besser umgehen kann.
Die Elternvertreter sind gegen die Müll-AG. Sie sind der Meinung, dass Nachmittagsstunden besser für zusätzlichen Mathe- und Englischunterricht genutzt werden sollten. Und außerdem seien für den Abfall der Schulträger und die Müllabfuhr zuständig.
In diesem letzten Punkt kommt die Müll-AG zu einem ganz anderen Ergebnis: Echte Fortschritte kann es in Sachen Müll nur geben, wenn die Müllverursacher die Verantwortung für ihr Tun übernehmen. Und diese Müllverursacher sind die Schülerinnen und Schüler selbst. Das beste Müllkonzept wäre natürlich die Müllvermeidung. Aber Müll zu vermeiden ist besonders schwierig, weil dafür jeder seine Gewohnheiten ändern muss. So werden zum Beispiel in den Pausen aufwändig verpackte Süßwaren und Getränkedosen der bekannten Marken verkauft. Als Vorschlag wurde geäußert, Pfandflaschensysteme einzuführen und frische Backwaren anzubieten.
Allerdings ist es nicht sicher, ob diese Alternativen dann wirklich von der Mehrheit genutzt werden. Es gibt auch noch andere Müllprobleme: In vielen Schulen wird kein Umweltschutzpapier verwendet und die Kopierer spucken massenhaft einseitig bedruckte Blätter aus. Und die Schultaschen der Schülerinnen und Schüler enthalten oft kleine Sondermülldeponien: Tintenkiller, lösemittelhaltige Stifte, Radiergummis aus PVC[1] und vieles andere mehr.
Wenn zum Beispiel jeder Lernende in Deutschland 50 Tintenpatronen pro Jahr verbraucht, ergibt das eine Müllmasse von ca. 200 Tonnen.
Die Problemlage festzustellen ist die eine Sache, aber was können die Schülerinnen und Schüler tun? Sie beschließen Folgendes: Wenn sich der Müll schon nicht ganz vermeiden lässt, dann wollen sie ihn wenigstens trennen, um Vieles wiederverwerten zu können. Mit einem durchdachten Recyclingkonzept soll die Schule eine Vorbildfunktion für den Stadtteil einnehmen. Außerdem wird durch die Mülltrennung das Bewusstsein für das Müllproblem wachgehalten. Dadurch wiederum werden sich hoffentlich viele Schülerinnen und Schüler bemühen, Müll möglichst zu vermeiden. Und nicht zuletzt lassen sich auf diese Weise erhebliche Abfallgebühren einsparen. Die Ersparnisse sollen der Schule zur Verfügung gestellt werden, so die Vorstellungen der Schülervertreter. Für die Mülltrennung wünschen sie sich kleine Sammelbehälter in den Klassen und ein Sammelzentrum auf dem Schulhof. Das kostet natürlich Geld. Nicht alle Schülerinnen, Schüler, Elternvertreter und Schulträger sind mit diesem Vorhaben einverstanden. Sie haben Bedenken, dass man sich diese Kosten bei knappen Kassen nicht leisten kann, dass die neuen Abfallbehälter nicht angenommen und dass sie sogar für Problemabfälle zweckentfremdet werden könnten. Außerdem bestehe die Gefahr, dass das neue Sammelzentrum auch von schulfremden Personen genutzt wird.

1 PVC: Polyvinylchlorid, ein Kunststoff

Material 2

Anzuschaffende Behälter für die Mülltrennung

Behälter	Behälterfarbe	Entleerungsort
Papier	blau	Papiertonne (Sammelzentrum)
Wertstoffe (Glas, Aluminium, Kunststoff ...)	grün	Wertstofftonnen (Sammelzentrum)
Bioabfall	braun	Biotonne (Sammelzentrum)
Restmüll	schwarz	Restmüllbehälter (Sammelzentrum)

Punkte

Kreuze an. Es können mehrere Antworten richtig sein.

2 Was sind die Themen des Textes und der Tabelle? ☐ /4 Punkte

	trifft zu	trifft nicht zu
a) die Abfallentsorgung in Deutschland	☐	☐
b) unterschiedliche Recyclingmethoden	☐	☐
c) die Abfallbeseitigung in einer Schule	☐	☐
d) die Farbe von Behältern für die Mülltrennung	☐	☐

3 Welche Ziele wollen die Schülerinnen und Schüler erreichen? ☐ /4 Punkte

	trifft zu	trifft nicht zu
a) ein Bewusstsein für das Müllproblem schaffen	☐	☐
b) die Schließung des Schulkiosks	☐	☐
c) die Mülltrennung an ihrer Schule	☐	☐
d) eine Vorbildfunktion der Schule	☐	☐

4 Welche Maßnahmen fordern die Schülerinnen und Schüler für ihre Schule? ☐ /4 Punkte

	trifft zu	trifft nicht zu
a) Sammelbehälter für Mülltrennung anzuschaffen	☐	☐
b) tägliche Müllabfuhr zu bestellen	☐	☐
c) ein Sammelzentrum an der Schule einzurichten	☐	☐
d) einen neuen Kiosk zu eröffnen	☐	☐

5 **a.** Welche Argumente gibt es für und gegen die Mülltrennung an der Schule? Markiere im Text alle Pro-Argumente grün und alle Kontra-Argumente rot. ☐ /8 Punkte

b. Ordne vier Pro-Argumente in Stichworten in die Tabelle ein.

c. Ordne vier Kontra-Argumente in Stichworten in die Tabelle ein.

Argumente für und gegen die Mülltrennung an der Schule	
Pro-Argumente	**Kontra-Argumente**

Gesamtpunktzahl dieser Seite: ☐ /20 Punkte

Punkte

6 Ordne drei Kontra-Argumente in der Reihenfolge ihrer Überzeugungskraft. /9 Punkte

1 stärkstes Kontra-Argument: ______

2 mittelstarkes Kontra-Argument: ______

3 schwächstes Kontra-Argument: ______

7 Ordne drei Pro-Argumente in der Reihenfolge ihrer Überzeugungskraft. /9 Punkte

1 schwächstes Pro-Argument: ______

2 mittelstarkes Pro-Argument: ______

3 stärkstes Pro-Argument: ______

8 Schreibe zu zwei Pro-Argumenten eigene Beispiele auf.
Trage jeweils die Nummer des Arguments davor ein. /4 Punkte

Nr.	Eigene Beispiele für die Pro-Argumente

9 Bearbeite deinen Arbeitsauftrag von Seite 86. Schreibe in dein Heft. /20 Punkte

Gesamtpunktzahl dieser Seite: /42 Punkte
Gesamtpunktzahl Seite 85: /20 Punkte
Schriftlich argumentieren – Gesamtpunktzahl: /62 Punkte

Eine Kurzgeschichte interpretieren

Dein Arbeitsauftrag

1. Schreibe eine Interpretation zu der Kurzgeschichte „Lasst Blumen sprechen“.
   Bearbeite folgende Teilaufgaben.
   - Gib den Inhalt der Kurzgeschichte in wenigen Sätzen wieder.
   - Belege, dass es sich bei dem Text um eine Kurzgeschichte handelt.
   - Untersuche die Hauptfiguren.
2. Können Blumen sprechen?
   Was wäre passiert, wenn Seal die Blumen doch zu Miss D. gebracht hätte?
   Schreibe ein anderes Ende für die Kurzgeschichte auf.

➤ Nutze die Arbeitstechnik „In Prüfungen gute Ergebnisse erzielen“ auf **Seite 81**.

1 Lies den Text mithilfe des Textknackers.

Lasst Blumen sprechen – William Sansom

Als Seal durch seinen Garten ging, sagte er plötzlich zu sich selbst: „Ich würde gern ein paar Blumen pflücken und sie Miss D. bringen.“

Der Nachmittag war hell und warm. Hohe Kastanienbäume wiegten sich leicht in einer sanften Brise. Im Malvengesträuch summte es mächtig von den Bienen, die von Blüte zu Blüte taumelten. Seal trug den Hemdkragen offen. Er fühlte sich frisch und munter von der Luft, die er kühl unter seinem Hemd auf den Rippen spürte. Der sommerliche Nachmittag gehörte ihm. Nichts trieb ihn zur Eile. Es war ein Augenblick, in dem eine schlichte, uneigennützige Gefühlsregung leicht zur Blüte reifen konnte.

Seal empfand große Freude an all den Blumen rundherum und aus ihr heraus ein beglückendes Bedürfnis zu schenken. Er wünschte dies tief in seinem Inneren, unkritisch, ohne auch nur einen Augenblick darüber nachzusinnen: „Hier bin ich, Seal, und möchte gern etwas tun.“ Seal wollte ganz einfach ein paar seiner Blumen einem Mitmenschen schenken! Miss D. war die erstbeste Person, die ihm eingefallen war. Er fühlte sich zu Miss D. in keiner Weise hingezogen. Er kannte sie nur flüchtig, als ein unscheinbares ältliches Mädchen von etwa zwanzig, das in das Mietshaus gegenüber seinem Garten eingezogen war. Wenn Seal überhaupt je an Miss D. dachte, so war es, weil ihm ihre Art zu gehen missfiel. Sie hatte einen steifen Schritt, wobei der lange Oberkörper vorausseglte und die kurzen Beine ihn einzuholen trachteten. Aber daran dachte er in diesem Augenblick nicht. Beim Bücken nach einer Blume war sein Blick zufällig auf das Mietshaus gefallen und dieses hatte in ihm das Bild von Miss D. wachgerufen.

Seal wählte gewöhnliche, alltägliche Blumen. Während die Stängel brachen, pfiff er zwischen den Zähnen leise vor sich hin. Seine Wahl war auf diese alltäglichen Blumen gefallen, weil sie seiner Hand am nächsten waren, aber auch, weil sie frisch und lebendig aussahen. Sie waren weder selten noch kostbar. Es waren ganz einfach hübsche, frische, unauffällige Blumen.

Mit den Blumen in der Hand verließ Seal zufriedenen Sinnes seinen Garten und betrat den Asphalt, der zum Mietshaus über der Straße führte. Doch als sein Fuß den Asphalt berührte, als der gewitzte Blick eines alten Mannes im Augenblick des Vorübergehens sein Auge traf, als der Straßenverkehr seine Rechte geltend machte, da begannen gewisse Bedenken seine spontane Freude abzukühlen. „Mein Gott“, dachte er plötzlich, „was brocke ich mir da ein?“ Er trat gleichsam aus sich selbst heraus und sah, wie sein eigenes Ich unterwegs war, um Miss D. einen Strauß billiger Blumen über die Straße zu bringen.

„Es sind billige Blumen", überlegte er. „Ich schenke sie in einer plötzlichen Anwandlung. Während ich sie dem Fräulein überreiche, werde ich lächeln. Wir werden beide wissen, dass für das Geschenk kein eigentlicher Grund vorliegt, und somit wird die ganze Geschichte nach Gutseinwollen riechen, nach Gutseinwollen und einfältiger Menschenliebe. Und irgendwie, ja irgendwie wird daher meine Geste als einstudierte Pose erscheinen. Eine so einfache Geste ist unwahrscheinlich. Unwahrscheinliches erregt Argwohn. Mein Geschenk wird sicher als Affektiertheit empfunden werden. Wenn ich nur einen Grund hätte – persönliches Prestige, finanziellen Gewinn, sexuelle Absichten – irgendeine der allgemein anerkannten Triebfedern, die meinen Blumen gesellschaftliche Geltung verschaffen würden. Aber nein – ich habe keine. Ich will ja nur geben und nichts dafür nehmen." Im Weitergehen sah Seal sich selbst, wie er sich verbeugte und lächelte. Sein Lächeln erschien ihm zu breit, während er sich übertrieben für seine gute Tat entschuldigte. Angewidert fuhr er mit dem Hals zurück, als er in Gedanken das sattsam bekannte Getue absolvierte. Er sah auf Miss D.s Gesicht ein spöttisches Lächeln und fühlte sich durchschaut.
Seal ließ die Blumen in den Rinnstein fallen und ging langsam in seinen Garten zurück.
Von ihrem hoch gelegenen Fenster in dem Betonklotz beobachtete Miss D., wie Seal die Blumen wegwarf. Wie frisch sie aussahen! Wie sie ihr kahles Zimmer belebt hätten.
„Wäre es nicht nett gewesen", dachte Miss D., „wenn dieser Mr Seal mir den hübschen Blumenstrauß gebracht hätte? Wäre es nicht nett gewesen, wenn er sie in seinem eigenen Garten gepflückt und sie – ja nun – ganz beiläufig vorbeigebracht hätte, um mir an diesem herrlichen Nachmittag ein Geschenk zu machen." Ein paar Minuten träumte Miss D. weiter vor sich hin. Dann runzelte sie die Stirn, erhob sich, schob ihren Rockträger zurecht und eilte in die Küche. „Gott sei Dank hat er es nicht getan", atmete sie erleichtert auf. „Es wäre mir äußerst peinlich gewesen. Es ist ja nicht so, als hätte er Absichten auf mich. Gar nicht auszudenken, wie rührselig alles gewesen wäre!"

Punkte

Bearbeite die folgenden Aufgaben.

2 Wie heißen die Hauptfiguren der Kurzgeschichte? Schreibe ihre Namen auf. /2 Punkte

____

3 Zu welcher Tageszeit spielt die Handlung? /2 Punkte

- ☐ a) am Vormittag
- ☐ b) am Nachmittag
- ☐ c) am Abend
- ☐ d) in der Nacht

4 Weshalb will Seal Blumen verschenken? Kreuze an. /2 Punkte

- ☐ a) Seal empfindet ein Bedürfnis, einem Mitmenschen Blumen zu schenken.
- ☐ b) Seal empfindet keine Freude an all den Blumen.
- ☐ c) Seal kommt zufällig an einem Blumenladen vorbei.
- ☐ d) Seal will seinen Garten in Ordnung bringen.

5 Warum will Seal den Blumenstrauß Miss D. schenken? Kreuze an. /2 Punkte

- ☐ a) Miss D. ist die erste Person, die ihm einfällt.
- ☐ b) Er denkt schon den ganzen Tag an Miss D.
- ☐ c) Er mag Miss D., weil sie oft segelt.
- ☐ d) Es sind sehr „gewöhnliche, alltägliche" Blumen.

Gesamtpunktzahl dieser Seite: /8 Punkte

6 Warum lässt Seal den Blumenstrauß in den Rinnstein fallen? Kreuze an.

Er lässt ihn fallen, weil ...

	trifft zu	trifft nicht zu
a) ... er zu schüchtern ist, wie viele Verliebte.	☐	☐
b) ... Miss D. bereits aus dem Fenster spöttisch lächelt.	☐	☐
c) ... für das Geschenk kein Grund vorliegt.	☐	☐
d) ... so eine einfache Geste unwahrscheinlich ist.	☐	☐

7 Was denkt Miss D., als sie die Szene beobachtet? Kreuze an.

	trifft zu	trifft nicht zu
a) „Es wäre doch nett gewesen, wenn er mir die Blumen geschenkt hätte."	☐	☐
b) „Hoffentlich bringt er die hässlichen Blumen nicht mir."	☐	☐
c) „Es wäre mir äußert peinlich gewesen."	☐	☐
d) „Er hat sicher Absichten auf mich, ist aber zu schüchtern."	☐	☐

Du schreibst eine Inhaltsangabe.

8 Gib den Inhalt der Kurzgeschichte in wenigen Sätzen wieder.
Schreibe in dein Heft. Beantworte darin diese Fragen.
- Was möchte Seal tun?
- Wie endet sein Vorhaben?

Du untersuchst, ob die Merkmale einer Kurzgeschichte zutreffen.

9 Treffen die folgenden Merkmale einer Kurzgeschichte zu? Kreuze an.

	trifft zu	trifft nicht zu
a) unvermittelter Einstieg	☐	☐
b) alltägliches Geschehen	☐	☐
c) kurzer Zeitabschnitt	☐	☐
d) nur wenige Figuren	☐	☐
e) offenes Ende	☐	☐

10 Zu welchen Merkmalen aus Aufgabe 9 passen diese beiden Textstellen?
Schreibe jeweils das passende Merkmal hinter die Textstellen.

„Als Seal durch seinen Garten ging, sagte er plötzlich zu sich selbst: ‚Ich würde gern ein paar Blumen pflücken und sie Miss D. bringen.'" (Z. 1–2) ______________________

„Der Nachmittag war hell und warm." (Z. 3) ______________________

11 Wird in der Kurzgeschichte ein „alltägliches Geschehen" beschrieben?
Begründe deine Antwort in einem Satz.

____

____

12 Hat die Kurzgeschichte ein „offenes Ende"?
Begründe deine Antwort in einem Satz.

____

____

Punkte

6: /4 Punkte
7: /4 Punkte
8: /10 Punkte
9: /5 Punkte
10: /2 Punkte
11: /3 Punkte
12: /3 Punkte

Gesamtpunktzahl dieser Seite: /31 Punkte

13 Begründe, warum das Merkmal „nur wenige Figuren“ zutrifft.
Schreibe einen Satz auf.

Punkte
/3 Punkte

Du untersuchst die Hauptfiguren.

14 Was erfährst du über Seal? Beschreibe ihn in ganzen Sätzen.

/4 Punkte

15 Was erfährst du über Miss D.? Beschreibe sie in ganzen Sätzen.

/4 Punkte

16 Gibt es Anzeichen, dass Seal und Miss D. sich sehr mögen?
Belege deine Antwort mit einer Textstelle.

/4 Punkte

17 Löse den ersten Arbeitsauftrag. Schreibe deine Interpretation in dein Heft.

/15 Punkte

Du bearbeitest den zweiten Arbeitsauftrag und schreibst ein anderes Ende für die Kurzgeschichte auf.

18 Können Blumen sprechen?
Was wäre passiert, wenn Seal die Blumen doch zu Miss D. gebracht hätte?
Schreibe ein anderes Ende für die Kurzgeschichte in dein Heft.

/11 Punkte

Gesamtpunktzahl dieser Seite: /41 Punkte
Gesamtpunktzahl Seite 90: /8 Punkte
Gesamtpunktzahl Seite 91: /31 Punkte
Zu Sachtexten schreiben – Gesamtpunktzahl: /80 Punkte

Fehler vermeiden

Punkte

Die volle Punktzahl erreichst du, wenn deine Texte fehlerfrei sind.
Eine gründliche Überarbeitung hilft dir dabei.

Arbeitstechnik

Texte überarbeiten und verbessern
Beim **Überarbeiten** deiner Texte prüfst du zunächst die **Rechtschreibung**, die **Zeichensetzung** und die **Grammatik**:
- Lies jedes Wort genau. Schlage bei Zweifeln im Wörterbuch nach.
- Lies deine Sätze als Ganzes und überprüfe deine Zeichensetzung. Achte dabei auf Aufzählungen, Satzgefüge und Zitate.

Beim Überarbeiten achtest du auch auf deine **Wortwahl**:
- **Vermeide** die **Wiederholung** von Begriffen, Verben und Satzanfängen.
- Achte bei den Verben auf passende **Zeitformen**.

1 Lies die Arbeitstechnik.

2 Überarbeite den folgenden Sachtext.
a. Markiere fünf Rechtschreibfehler im Text. ___ /5 Punkte
b. An vier Stellen fehlen Kommas. Setze die fehlenden Kommas. ___ /4 Punkte
c. Schreibe den korrigierten Text in dein Heft ___ /9 Punkte

Der Regenwald

Im tropischen Regenwald kommen viele Pflanzen- und Tierarten vor. Die Merzahl von ihnen ist wenig erforscht. Aber man weiß, dass rund 90 Prozent der Tiere Inseckten sind die vor allem den Boden in Massen bevölkern. Im feuchtwarmen Klima wachsen etwa 10 000 Baumarten. Diese tragen oft gleichzeitig Blüten frische Blätter welkende Blätter junge Früchte und reife Früchte. Daher ist der tropische Regenwald immer grün. Im Durchschnit sind die Bäume 40 bis 50 Meter hoch. Einzelne Baumriesen ereichen stolze 80 Meter. Die nennt man Überständer. Leider ist der Regenwald bedroht. Das liegt an den Bodenschätzen, am Holtz und an der landwirtschaftlichen Nutzung durch den Menschen.

In Inhaltsangaben achtest du auf die richtige Zeitform der Verben und vermeidest unnötige Wiederholungen.

3 Überarbeite die folgende Inhaltsangabe in deinem Heft.
a. Markiere alle Verben, die in der falschen Zeitform stehen. ___ /10 Punkte
b. Markiere unnötige Wiederholungen. ___ /6 Punkte
c. Überarbeite den Text und schreibe ihn in dein Heft. ___ /16 Punkte
- Prüfe, ob alle Verben im Präsens stehen.
- Prüfe, ob es keine Wiederholungen mehr gibt.

Lasst Blumen sprechen

In der Kurzgeschichte „Lasst Blumen sprechen" von William Sansom ging es um einen Mann namens Seal, der einer Nachbarin eine Freude machen möchte. In seinem Garten standen viele schöne Blumen. Da beschloss er, einen schönen Strauß zu pflücken. Da ging er in den Garten und da bückte er sich und pflückte einen schönen Strauß. Er wollte ihn Miss D. schenken. Aber da überlegte er es sich anders. Er dachte, Miss D. könne ihn belächeln, und da warf er den Blumenstrauß weg.

Gesamtpunktzahl: ___ /50 Punkte

Wissenswertes auf einen Blick

Rechtschreiben, Zeichensetzung

Das Gliedern, das Verlängern, das Ableiten

Beim **Gliedern** zerlegst du mehrsilbige Wörter in Sprechsilben, z. B.: Er | eig | nis | se.

Durch **Verlängern** kannst du Endbuchstaben hörbar machen.
Pferd – Pferde, er schwingt – schwingen, wütend – wütende

ä/äu oder e/eu? Wenn du nicht sicher bist, kannst du das Wort **ableiten**.
Findest du ein verwandtes Wort mit **a/au**, dann schreibe **ä/äu**.
die Wälder – der Wald die B**äu**me – der B**au**m

Fremdwörter

Viele Fremdwörter haben typische Buchstaben oder Buchstabenkombinationen, z. B.:
y das S**y**stem, **ph** das Al**ph**abet, **c** der **C**lown, **rh** das **Rh**euma, **ch** das **Ch**aos, **th** die **Th**eke.

Übungen S. 56–57

Zusammen- und Getrenntschreibung

Aus **Nomen + Verb** entsteht ein **zusammengesetztes Nomen**.
Aus **Verb + Verb** entsteht ein **zusammengesetztes Nomen**.
Die Wörter **das**, **zum**, **beim** und **vom** machen's! Zum Beispiel:
Heute gehe ich **Fußball spielen**. Das **Fußballspielen** macht mir Freude.
Ich will **spazieren gehen**. **Beim Spazierengehen** geht es mir gut.

Wortgruppen aus **Adjektiv + Verb** werden **zusammengeschrieben**,
wenn eine **neue (übertragene) Gesamtbedeutung** gemeint ist.

Zusammenschreibung: Wir konnten nicht alle Probleme lösen, einige Fragen mussten **offenbleiben**.
→ **übertragene Bedeutung:** Einige Fragen konnten nicht gelöst werden.
Getrenntschreibung: Das Fenster soll **offen bleiben**.
→ **direkte Bedeutung:** Das Fenster soll nicht geschlossen werden.

Übungen S. 58–59

Großschreibung

Zusammengesetzte Nomen werden **großgeschrieben**. Die Wörter **das**, **beim**, **zum** machen's.

Nomen + Verb:	Rad fahren	– beim Radfahren
Verb + Verb:	spazieren gehen	– zum Spazierengehen
Adjektiv + Verb:	geheim halten	– das Geheimhalten

Verben werden **nominalisiert** und **großgeschrieben**, wenn …
… ein **Artikel** davorsteht, z. B.: Lustig klang **das Lachen**.
… ein **Attribut** davorsteht, z. B.: Manchmal stört **lautes Lachen**.
… eine (erweiterte) **Präposition** davorsteht, z. B.: Er geht **zum** (zu dem) **Lachen** in den Keller.
… ein Possessivpronomen davorsteht, z. B.: Er ließ **sein Lachen** hören.

Übungen S. 60–61

Komma in Satzgefügen, Relativsätzen und Infinitivsätzen

In einem Satzgefüge werden **Nebensätze** (Ns) vom **Hauptsatz** (Hs) durch Komma abgetrennt.
Am Anfang des Nebensatzes steht häufig eine Konjunktion (**als**, **weil**, **dass**, **obwohl** …), z. B.:
Obwohl es heute sehr schwül war, gab es abends kein Gewitter.
Konj. Ns Hs

Relativsätze sind **Nebensätze, die sich** meist **auf ein vorangehendes Nomen** beziehen. Sie werden immer vom Hauptsatz durch ein **Komma** abgetrennt und durch ein Relativpronomen (z. B. **der**, **die**, **das**) eingeleitet, z. B.:

Dem Bürgermeister, **der** heute Geburtstag hat, gratulieren wir.

Infinitivsätze enden mit einem erweiterten **Infinitiv mit zu**. Infinitivsätze sind **Nebensätze** und werden immer vom Hauptsatz durch ein **Komma** abgetrennt. Infinitivsätze beginnen häufig mit den Signalwörtern **als**, **um**, **ohne**, **außer**, **anstatt**, z. B.:

Ohne nach links und rechts **zu sehen**, überquerte er die Straße.

Er überquerte die Straße, **um** seinen Nachbarn zu begrüßen.

Übungen S. 64–67

Grammatik

Verben

Verben sind Tätigkeitswörter und geben an, was jemand tut oder was geschieht. Verben bilden verschiedene Zeitformen.

Verben im Präsens verwendest du, um auszudrücken,
- **was man regelmäßig tut**: Karl **schreibt** seinem Vater jede Woche einen Brief.
- **was man jetzt tut**: Karl **schreibt** seinem Vater gerade einen Brief.

Bei vielen Verben bleibt im Präsens der Verbstamm gleich. Es verändern sich nur die Endungen. Sie richten sich nach der Person. **Zusammengesetzte Verben** können im Satz getrennt stehen: einkaufen – im Satz: Er kauft Futter ein.

Verben im Präteritum verwendest du meist, wenn du **schriftlich über etwas berichtest** oder **erzählst**, was schon vergangen ist: Auch in Berlin **feierten** zahlreiche Fans den Sieg der Nationalmannschaft.

Verben im Perfekt verwendest du meist, wenn du etwas **mündlich erzählst**, was schon vergangen ist.
Viele Verben bilden das Perfekt mit **haben**: Sie hat gebacken.
Manche Verben bilden das Perfekt mit **sein**: Wir sind gelaufen.

Das Plusquamperfekt verwendest du, wenn du ausdrücken willst, dass etwas **vor einem zurückliegenden Ereignis geschah**: Chaos brach aus, nachdem die Luftbehörden den Luftraum über vielen Ländern **geschlossen hatten**.

Übungen S. 68

Das Passiv beschreibt, was mit einer Person oder einem Gegenstand getan wird.
Die handelnde Person wird im Passiv meist nicht erwähnt. Das Passiv wird mit einer Form von **werden** und dem **Partizip II** gebildet.
Präsens: Tausend Flüge **werden gestrichen**.
Präteritum: Tausend Flüge **wurden gestrichen**.

Übungen S. 69

Verben im Konjunktiv I drücken unsichere Informationen aus. Auch bei nichtwörtlicher Rede (indirekter Rede) wird der Konjunktiv I verwendet. Dadurch wird deutlich, dass die Aussage nicht wahr sein muss:
Er sagt, er **laufe** jeden Morgen zehn Kilometer.

Verben im Konjunktiv II (Möglichkeitsform des Verbs) drücken aus, dass etwas nicht oder noch nicht Wirklichkeit ist.
Den Konjunktiv II verwendest du aber auch in der indirekten Rede, wenn sich der Konjunktiv I nicht vom Indikativ unterscheidet:
Wörtliche Rede: „Wir **kommen** jetzt." Indirekte Rede: Er sagt, sie **kämen** jetzt.
In Form einer **Frage** drückt der **Konjunktiv II Aufforderungen** oder **Bitten höflicher** aus als der Imperativ.
Häufig muss man dabei noch das Wort **bitte** ergänzen, z. B.:
Imperativ (Befehlsform): **Sei** leise! Frage mit Konjunktiv II: **Würdest du bitte leise sein**?
Der **Konjunktiv II** wird vom Präteritum abgeleitet.

Präteritum:	du hattest	sie blieb	ich fand
Konjunktiv II:	du hättest gern ...	sie bliebe bestimmt ...	ich fände schön ...

Übungen S. 70

Pronomen

Personalpronomen: Die Personalpronomen **ich**, **du**, **er**, **sie**, **es**, **wir**, **ihr**, **sie** kannst du für Personen, Lebewesen und Dinge einsetzen. Martin fährt Fahrrad. **Er** fährt schnell.

Possessivpronomen: Die Possessivpronomen **mein/meine**, **dein/deine**, **sein/seine**, **ihr/ihre**, **unser/unsere**, **euer/eure**, **ihr/ihre** zeigen an, wem etwas gehört.

Relativpronomen: Mit den Relativpronomen **der**, **die**, **das** / **welcher**, **welche**, **welches** kann man **Nebensätze** einleiten. Das Relativpronomen **bezieht sich auf ein Nomen** oder **Pronomen** und steht nach einem **Komma**, z. B.:
Ich lese das Buch, **das** du mir geschenkt hast.

Übungen S. 65, 74

Demonstrativpronomen: Mit den Demonstrativpronomen **dieser**, **diese**, **dieses** / **jener**, **jene**, **jenes** kann man auf etwas zeigen oder hinweisen, z. B.:
Sie mochte **dieses** Lied, weil es sie an **jenen** Tag erinnerte.

Adverbien

Adverbien (Umstandswörter) machen genaue Angaben zu einem Geschehen.
Adverbien des Ortes drücken aus, wo etwas geschieht, z. B. **draußen**.
Adverbien der Zeit drücken aus, wann etwas geschieht, z. B. **immer**.
Adverbien der Art und Weise drücken aus, wie etwas geschieht, z. B. **gern**.
Adverbien des Grundes drücken aus, warum etwas geschieht, z. B. **deshalb**.
Tim mag frische Luft. Er spielt **deshalb immer gern draußen**.

Der Satz

Eine **Satzreihe** besteht aus mindestens zwei **Hauptsätzen**. Zwei oder mehr Hauptsätze können mit nebenordnenden Konjunktionen, z. B. **denn** oder **aber**, verbunden werden.
Eva gibt sich im Praktikum Mühe, **denn** sie verdankt den Praktikumsplatz ihrer Tante.

Ein **Satzgefüge** besteht aus **Hauptsätzen** und **Nebensätzen**. Die Nebensätze leitest du durch **Konjunktionen** ein, wie z. B. **weil**, **da**, **wenn**, **falls**, **obwohl**, **damit** und **um**, und trennst sie vom Hauptsatz durch ein Komma.

Konjunktionalsätze sind Nebensätze (Ns), die mit einer Konjunktion eingeleitet werden, z. B. **als**, **weil**, **wenn**, **obwohl**, **damit**, **dass**, **sodass**, **solange** und **nachdem**. Sie können **vor (Spitzenstellung)** oder **nach (Endstellung) dem Hauptsatz (Hs)** stehen, z. B.: **Obwohl** sie nur Gutes hört, sorgt sich die Tante.

Infinitivsätze bestehen aus einem **Infinitiv mit zu** und mindestens einem weiteren Wort. Einen Infinitivsatz kannst du oft **statt eines dass-Satzes** bilden, z. B.:
Ich hoffe, dass ich morgen Zeit habe. Ich hoffe, morgen Zeit zu haben.
Der Infinitivsatz steht meist hinter dem Hauptsatz (Endstellung) und wird durch ein Komma von diesem abgetrennt.

Relativsätze sind **Nebensätze**, **die sich** meist **auf ein vorangehendes Nomen beziehen** (Relation = Beziehung).
Du trennst sie immer vom Hauptsatz durch ein Komma und leitest sie durch ein **Relativpronomen** (z. B. **der**, **die**, **das**) ein.
Relativpronomen können nach Präpositionen stehen.
Relativpronomen können in verschiedenen Fällen stehen, z. B.:

Hier ist der Text, über den wir morgen sprechen werden. **(Akkusativ)**

Das ist die Person, mit der du über dein Problem sprechen kannst. **(Dativ)**

Übungen S. 72–75

Satzglieder und Attribute

Das Subjekt kann eine Person oder eine Sache sein. Mit **Wer?** oder **Was?** fragst du nach dem Subjekt:
Sabine hat Geburtstag. – Wer hat Geburtstag? – Sabine.

Das Prädikat sagt etwas darüber aus, was jemand tut oder was geschieht. Mit **Was tut ...?** fragst du nach dem Prädikat:
Eric **gratuliert**. – Was tut Eric? – Eric **gratuliert**.

Objekte
Mit **Wen?** oder **Was?** fragst du nach dem **Akkusativobjekt**.
Sabine bringt den Gast zur Tür. – Wen bringt Sabine zur Tür? – Den Gast.
Mit **Wem?** fragst du nach dem **Dativobjekt**.
Sarah gratuliert dem Geburtstagskind. – Wem gratuliert Sarah? – Dem Geburtstagskind.

Adverbiale Bestimmungen
Nach der **adverbialen Bestimmung der Zeit** fragst du mit **Wann?**
Der Spion kam um zehn Uhr. Wann kam der Spion? – Um zehn Uhr.
Nach der **adverbialen Bestimmung des Ortes** fragst du mit **Wo?**, **Woher?**, **Wohin?**
Er traf den Mann am Bahnhof. Wo traf er den Mann? – Am Bahnhof.
Nach der **adverbialen Bestimmung der Art und Weise** fragst du mit **Wie?**
Die Geldübergabe verlief hektisch. – Wie verlief die Geldübergabe? – Hektisch.
Nach der **adverbialen Bestimmung des Grundes** fragst du mit **Warum?**
Wegen der Eile übersah er ihn. – Warum übersah er ihn? – Wegen der Eile.

Genitivattribute stehen **hinter** einem Nomen und geben **zusätzliche Informationen** zu dem Nomen.
Sie antworten auf die Frage: **Wessen?**
Das Handy meines Bruders ist kaputt. – Wessen Handy ist kaputt? – Das Handy meines Bruders.

Adjektivische Attribute stehen **vor** dem Nomen. Sie antworten auf die Fragen: **Welche?/Welcher?**
Heute kommt meine beste Freundin. Welche Freundin? – Die beste Freundin.

Satzglieder können auch in Form von **Nebensätzen** vorkommen.
Subjekte formst du in **Subjektsätze** um, z. B.: Seine ständige Nörgelei nervt mich.
Mich nervt, dass er stängig nörgelt.
Adverbiale Bestimmungen formst du in **Adverbialsätze** um, z. B.:
Vor dem Öffnen des Geräts muss es vollständig entleert sein.
Bevor das Gerät geöffnet wird, muss es vollständig entleert sein.

Übungen S. 76–79

Mehr **Wissenswertes auf einen Blick** findest du vorne im Heft und in den Klappen.
Öffne die Klappen, um zum Beispiel mit dem **Textknacker** zu arbeiten.